DU

SERVICE DES POSTES

ET DE LA

TAXATION DES LETTRES.

DU

SERVICE DES POSTES

ET DE LA

TAXATION DES LETTRES

AU MOYEN D'UN TIMBRE

PAR

M. A. PIRON
SOUS-DIRECTEUR DES POSTES

PARIS
IMPRIMERIE DE H. FOURNIER ET Ce
RUE DE SEINE, 14 BIS

M DCCC XXXVIII

SOMMAIRE.

Introduction. . . . . page IX

CHAPITRE PREMIER.

Considérations générales sur le produit des postes. . . page 1

Il est d'un haut intérêt d'augmenter le nombre des lettres en circulation en France, p. 1. — L'accroissement dans le nombre des lettres suit toujours l'accélération donnée à la marche des courriers ; exemples pris dans la correspondance de Paris avec Marseille, p. 3. — Dans le service journalier, p. 6. — Dans le service rural, *ibid.* — Proposition de l'établissement de doubles courriers partant de Paris, p. 8. — Proposition d'un emploi mieux entendu des facteurs ruraux, p. 11. — Le tarif des postes est trop élevé. Considérations morales et financières à ce sujet, p. 16. — Transports frauduleux, p. 21.

CHAPITRE II.

Appréciation des frais. — Projet de réduction de 50 p. 100 sur le tarif actuel. . . . . page 27

Quel est le prix du service rendu, p. 27. — Frais du transport des correspondances administratives, p. 30. — Frais du transport des journaux et imprimés taxés, p. 32. — Coût du transport d'une lettre ou d'un imprimé par la poste, p. 33. — Taux moyen de la taxe d'une lettre, p. 34. — Proposition de supprimer la taxe du service rural, p. 37. — Résultats financiers d'un abaissement de 50 p. 100 sur le tarif actuel des postes, p. 42.

CHAPITRE III.

Examen du tarif actuel, proposition d'un nouveau tarif réduit, mais encore basé sur le poids des lettres et sur la distance qu'elles doivent parcourir. . . . . page 45

Examen du tarif actuel, p. 45. — Considérations sur la lettre simple, p. 47. — Tableaux représentant les taxes proposées, p. 48 à 54. — Examen des tableaux : taxes de distance, p. 55. — Nouvelle échelle de poids, p. 58. — Le poids de la lettre simple fixé à 15 gram., p. 59. — Nombre des lettres pesantes en circulation dans le service des postes, p. 63. — Résultats financiers du tarif proposé, p. 64.

CHAPITRE IV.

Des avantages de la taxe fixe comparée au système actuellement en usage. . . . . page 67

La taxe actuelle n'est pas proportionnelle au prix du service rendu, p. 67. — Les frais de transport n'entrent que pour moitié dans les frais généraux d'exploitation, p. 72. — Si la taxe fixe était adoptée, la taxation des lettres deviendrait plus facile, p. 74. — Le compte des taxes et la vérification des dépêches se ferait plus rapidement, p. 75. — Il pourrait être dressé un compte numérique des lettres en circulation, p. 80. — La distribution serait plus prompte, p. 81. — Avantage des lettres franches dans le service des postes, p. 82. — Examen de la taxe des lettres de la ville pour la ville, p. 84. — De la taxe des lettres pour les sous-officiers et soldats, p. 86. — De la taxe des avis de mariage et de décès, p. 87. — Des lettres de et pour l'étranger, *ibid.* — Si le nombre des lettres augmentait considérablement, les frais de transport en malle-poste et par entreprise ne s'élèveraient pas en proportion, p. 88. — Dépenses et recettes possibles d'un service en malle-poste de Paris à Marseille, p. 89. — Les autres frais d'exploitation n'augmenteraient pas, p. 92. — Proposition d'une réduction de la taxe de toutes les lettres à 1 déc. et à 2 déc., *ibid.* — Résultats financiers, p. 93.

CHAPITRE V.

De l'emploi d'un timbre sec pour l'application de la taxe, p. 95.

L'usage d'un timbre de taxe existait en 1653, p. 96. — Notes de Pélisson, *ibid.* – Brochure de M. Hill, p. 98. — De la composition et de l'application des timbres, p. 99. — Timbres de taxe adoptés dans l'hypothèse de la réduction du tarif à 6 degrés de poids et à 6 degrés de distance, *ibid.* — Application du timbre à la taxe fixe de 1 déc. et de 2 déc., p. 102. — Modèles de timbres, p. 103. — De l'application des timbres, p. 105. — Les lettres réexpédiées ne supporteront pas d'augmentation de taxe, p. 106. — Les lettres trop pesantes, eu égard au timbre, seront mises aux rebuts, *ibid.* — Avantages de l'emploi des timbres, p. 107. — Il y aura plus de rapidité dans le service des postes, p. 109. — Il y aura diminution des lettres en rebut, p. 110. — Il y aura moins d'occasions de démoralisation pour les commissionnaires chargés des affranchissements, p. 112. — Il y aura extrême simplification dans la perception des recettes générales, p. 113. — Objections qu'on pourrait présenter. — Résultats de la nécessité de l'affranchissement préalable, *ibid.* — De la possibilité de la falsification des enveloppes timbrées, p. 117. — Application des timbres sur des papiers volants, p. 119. — Des garanties de fidélité dans la remise des lettres à domicile, p. 120. — Proposition d'étendre le service des lettres recommandées, p. 121. — Temps employé et dépenses résultant du timbrage des lettres, p. 123. — Dispositions transitoires, p. 124.

CHAPITRE VI.

Conclusions. . . . . p. 125

PIÈCES A L'APPUI.

Note n° 1. 139
Note n° 2. 144
Note n° 3. 146
Note n° 4. 147
Note n° 4 *bis*. 148
Note n° 5. 149

INTRODUCTION.

L'idée du nouveau système de taxation des lettres, au moyen d'un timbre, que je vais présenter ici, ne m'appartient pas (1). Je l'ai entendu développer par plusieurs personnes à Paris, et, tout récemment, j'ai trouvé ce sujet très-méthodiquement traité dans

(1) Il était en usage à Paris en 1653. (V. aux pièces à l'appui, la Note 1.)

une brochure relative à des projets d'améliorations à apporter dans le service du post-office en Angleterre (1).

J'ai cherché à suppléer, par les développements dans lesquels je suis entré, à ce que les propositions qui ont été faites en France m'ont semblé avoir d'incomplet sous le rapport de l'exécution; et d'autre part, l'auteur anglais, qui a eu le premier, que je sache, le mérite d'exposer son système par écrit, en présente une application que je n'ai pas cru devoir adopter entièrement non plus. Cependant, en présence de ces différents projets qui tous tendaient à la réforme du mode de taxation actuellement en usage, j'ai pensé qu'il pourrait être utile de développer clairement ici le plan dont il est question, lequel m'a semblé, d'ailleurs, se prêter merveilleusement bien aux exigences du service des postes.

Je crois que si les raisonnements et les exemples sur lesquels j'ai cherché à appuyer cette opinion pouvaient être goûtés, on jugerait que l'abaissement du tarif, et la taxation des lettres au moyen d'un timbre, augmenteraient les recettes des postes, en

(1) By Rowland Hill, London, 1837.

même temps qu'ils rendraient plus promptes et plus sûres les opérations intérieures de la manipulation des lettres.

J'ai fait précéder cette proposition de quelques considérations générales sur le service des postes en France, afin de mieux motiver l'utilité d'une réforme à ce sujet.

DU

SERVICE DES POSTES

ET DE LA

TAXATION DES LETTRES.

CHAPITRE PREMIER.

Considérations générales sur le produit des postes.

Si l'on considère le service des postes, non pas seulement sous le rapport du produit de trente-six millions (1) qu'il donne annuellement au trésor, en taxe de lettres, mais sous les rapports bien autrement intéressants des facilités qu'il procure partout au commerce, des relations de famille et d'amitié qu'il entretient, enfin

(1) Produit net de la taxe des lettres en 1836

Service ordinaire :	33,733,256 fr.
Service rural :	1,932,476
	35,665,732

du développement de la morale et de l'éducation publique qu'il favorise, on reconnaîtra que l'augmentation de ses produits est moins importante peut-être que celle des lettres qu'il transporte, et qu'il est du devoir d'un gouvernement prévoyant et sagement libéral de viser à accroître et à étendre le nombre des correspondances par tous les moyens qui sont en son pouvoir.

Sous ce point de vue, en effet, le service des postes acquiert un caractère plus important, et son utilité fiscale elle-même ne doit plus être appréciée en raison du produit seul de la taxe des lettres, mais aussi en raison du puissant secours que la poste prête à toutes les autres branches du revenu public.

Ces deux intérêts sont tellement liés qu'on pourrait dire que si le bien-être du pays et la prospérité du commerce augmentent le nombre des lettres et le produit des postes, d'autre part, un service de poste fréquent et rapide, en multipliant les occasions d'écrire, est un élément de prospérité pour le commerce, et une cause de bien-être pour le pays.

Et, en effet, une lettre n'est jamais indifférente à la fois pour celui qui la reçoit et pour celui qui l'écrit; elle sert de préliminaire à un marché, à une transaction, à une affaire quelconque; car les lettres de famille ou d'amitié entrent pour un très-petit nombre dans la recette des postes, et les lettres d'affaires et de commerce y sont comptées pour la presque totalité.

L'expérience de toutes les époques prouve que les produits de poste augmentent toujours en proportion des facilités que l'on donne au public pour sa correspondance. Que ces facilités lui viennent, soit d'une plus grande fréquence d'ordinaires, soit d'une accélération nouvelle dans la marche des courriers, il y a toujours ou presque toujours augmentation immédiate dans les produits.

Il semble, en effet, que le public soit toujours prêt à écrire, qu'il saisisse toutes les occasions qui lui sont offertes, et qu'il envoie une lettre chaque fois qu'un courrier part, se hâtant d'écrire encore de nouveau lorsqu'une combinaison plus heureuse des services, ou une accélération dans la marche des courriers au retour, lui apporte plus tôt une réponse.

Un seul exemple pris dans la correspondance de Paris avec Marseille, expliquera plus clairement notre pensée. Avant 1828, les lettres de Paris pour Marseille, dirigées par Lyon, partaient à six heures du soir, et arrivaient à leur destination le sixième jour, à deux heures après midi; soit les lettres de Paris du lundi qui arrivaient à Marseille le samedi; c'était cent dix-huit heures employées pour le parcours. Au retour, les lettres de Marseille repartaient à deux heures du soir, et arrivaient à Paris le sixième jour à six heures du matin, ou cent douze heures pour le parcours au retour (1), ou deux cent trente heures pour le parcours à l'aller et au retour. Mais comme les lettres arrivaient à Marseille à deux heures, et que le courrier pour Paris repartait au même moment, les dépêches arrivantes n'étaient, la plupart du temps, ouvertes qu'après le départ du courrier, et, dans

(1) La différence en accélération au retour provenait d'un séjour que les dépêches faisaient à Lyon à l'aller, et qu'au retour on évitait en partie.

tous les cas, les réponses ne repartaient que vingt-quatre heures après l'arrivée des lettres auxquelles on répondait. En conséquence, si l'on veut connaître exactement le temps qui était nécessaire pour obtenir à Paris une réponse de Marseille, il convient d'ajouter vingt-quatre heures au nombre de deux cent trente heures employées pour le parcours à l'aller et au retour : soit deux cent cinquante-quatre heures, ou dix jours et quatorze heures.

Il fallait donc, avant 1828, dix jours et quatorze heures pour avoir à Paris une réponse de Marseille. Mais une rapidité plus grande ayant été donnée aux malles dans le cours des années 1828 et suivantes, et un service direct en malle-poste de Paris à Marseille par Saint-Étienne ayant été établi au mois de juin 1835, la marche des correspondances s'est trouvée successivement accélérée sur cette ligne, à tel point qu'aujourd'hui les lettres de Paris arrivent à Marseille en soixante-huit heures à peu près. En effet, les lettres de Paris parties à six heures du soir, arrivent à Marseille le quatrième jour à deux heures du soir ; soit les lettres du lundi le jeudi à deux heures, ou soixante-huit heures pour le parcours ; ces lettres sont distribuées, et on peut y répondre le jour même ; enfin les correspondances repartent à six heures du matin pour arriver à Paris le quatrième jour aussi à six heures du matin, et on trouvera qu'il ne faut plus aujourd'hui pour recevoir une réponse de Marseille que cent cinquante-six heures ou six jours et douze heures. L'accroissement des recettes a suivi l'amélioration du service : le produit de la taxe des lettres entre Marseille et Paris, qui était en 1827 de 110,500 francs, s'est élevé en 1832 à 172,248 francs, et en 1837 à 229,196 francs.

Mais si en 1827 il fallait à Paris dix jours et quatorze heures pour avoir une réponse de Marseille, et qu'il ne faille plus aujourd'hui que six jours et douze heures, et si la marche des correspondances s'est ainsi accélérée sur toute la route dans la proportion de dix à six à peu près, le public a dû en obtenir les résultats suivants:

1° Les négociants de Paris, qui attendent pour donner des ordres d'achat à Marseille une réponse à des demandes de renseignements, ont fait leurs affaires quatre dixièmes de fois plus vite, et par conséquent ont pu faire quatre dixièmes d'affaires de plus. 2° Les négociants, dont la correspondance est continue et qui n'attendent pour écrire de nouveau que la réponse à leurs premières lettres, ont fait effectivement quatre dixièmes d'acquisitions ou de transactions de plus; et si leurs affaires ont été fructueuses, ils ont réalisé quatre dixièmes de bénéfices nouveaux, ou, en d'autres termes, ils ont vu leurs bénéfices annuels s'augmenter dans la proportion de quarante pour cent. 3° Enfin, si la vie commerciale d'un négociant est supposée de vingt années de travail, et que l'accélération dans la marche des lettres soit supposée la même dans toutes les directions, elle peut se trouver ainsi abrégée de huit ans; c'est-à-dire qu'au moyen de la rapidité de la correspondance, il peut faire en douze années autant d'affaires qu'il en faisait en vingt ans avant 1828; ou que, s'il croit devoir travailler vingt ans comme précédemment, ses spéculations à la fin de sa carrière commerciale, supposées aussi heureuses qu'elles auraient pu l'être avant 1828, auraient été pour lui la source de bénéfices plus élevés dans la proportion de quarante pour cent.

Nous pourrions pousser plus loin nos suppositions, et nous trouverions partout la preuve de ce que nous avons avancé, que l'accélération de la marche des lettres ou l'augmentation du nombre des ordinaires, c'est-à-dire des départs et des arrivées des courriers, est une source d'avantages pour le commerce et d'accroissement dans les produits réalisés par l'État.

La marche des correspondances entre Paris et Marseille nous a servi d'exemple pour démontrer les avantages financiers d'une accélération des courriers; nous trouverons, dans l'établissement du service journalier de 1828 et du service rural, des exemples de l'accroissement de produits qui résulte de l'augmentation dans le nombre des ordinaires.

En effet, les services de transport des lettres, qui ne marchaient que trois ou quatre fois par semaine, particulièrement sur les routes du midi et de l'ouest de la France, furent rendus journaliers à partir du 1er janvier 1828; cette mesure entraîna une dépense d'à peu près 3 millions et, dès la fin de la première année (1828), les produits de la taxe des lettres s'étaient accrus de 2,500,000 fr. (1) Mais si les dépenses faites par le trésor se sont trouvées aux trois quarts couvertes dès la pre-

(1) Produits nets de la taxe des lettres :

En 1828,	27,211,678 fr.
En 1827,	24,755,860
Augmentation en 1828,	2,455,818 fr.

mière année, ce n'est pas là que se sont bornés les avantages de la mesure : la recette a augmenté encore de 3 millions de 1828 à 1830, de 1 million de 1830 à 1832, et enfin de 4,557,000 fr. de 1832 à 1836.

Ces 2,500,000 fr. d'augmentation de produits de poste en 1828 représentent à peu près cinq millions de lettres nouvelles écrites en France, par conséquent un nombre d'affaires, de transactions de toute espèce, entre particuliers, en rapport avec le nombre des lettres écrites; ne pourrait-on pas affirmer que ces affaires et ces transactions ont fait rentrer dans les coffres de l'État des droits de diverses sortes, dont le montant a été bien supérieur, sans doute, aux produits que la poste a réalisés?

Dix-huit mois plus tard, une loi du 3 juin 1829 créa le service rural. La dépense de premier établissement fut de 3,500,000 fr. Ce service qui avait commencé le 1er avril 1830, combiné avec le service journalier, donna, dès la fin de cette première année 1830, c'est-à-dire en neuf mois seulement, une augmentation de produits de 3 millions (1).

Dans cette augmentation de recette de 3 millions, 935,000 fr. à peu près, produit de la taxe supplémentaire du décime rural, ont été perçus sur des lettres qu'on peut supposer avoir existé dans le service général des

(1) Produits nets de la taxe des lettres.

En 1830,	29,199,151 fr.		
Décime rural,	» » 935,655		
Total en 1830,	30,134,806.	—	30,134,806 fr.
En 1829,			27,125,953
Différence à l'avantage de 1830,			3,008,853 fr.

postes indépendamment de l'établissement du service rural, lettres qui précédemment pouvaient être portées des bureaux de poste dans les campagnes par des messagers particuliers; mais les 2,064,000 fr. formant l'autre partie de la recette, sont évidemment le produit de lettres nouvelles entrées dans le service des postes par le fait de la collection de ces lettres dans les campagnes, combinée avec les avantages d'un départ journalier de chacun des bureaux de poste où elles étaient portées.

Concluons donc de tout ce que nous venons de dire : 1° que le nombre des lettres s'augmente toujours en proportion de la célérité de la marche des courriers, de la fréquence des ordinaires et enfin de la sûreté et de la rapidité des moyens employés pour la distribution; 2° que le gouvernement doit soutenir et augmenter encore cet accroissement dans le nombre des lettres, puisqu'il est toujours exonéré par les recettes des frais que lui cause l'augmentation du nombre des facteurs et des courriers, et que, d'autre part, cette augmentation dans le nombre des lettres est une source nouvelle de produits pour les autres branches du fisc.

Et pendant que nous sommes sur ce chapitre, et avant de passer à une autre série d'observations, disons que cet accroissement dans le nombre des lettres pourrait être puissamment favorisé par divers moyens puisés dans ce service même; nous ne parlerons ici, dans ce moment, que de l'établissement de doubles courriers partant de Paris, et d'un meilleur emploi à faire des facteurs ruraux.

L'établissement de doubles courriers par jour, non-seulement sur quelques points importants en France, mais sur toutes les lignes aboutissant à Paris, est un besoin de service et une source de recettes clairement indiqués. En effet, il arrive à Paris tous les matins par les malles-postes environ quinze à seize mille lettres qui sont destinées à d'autres villes et qui ne doivent que traverser la capitale. Ces lettres séjournent dans les bureaux de la poste depuis quatre heures du matin jusqu'à six heures du soir, c'est-à-dire environ quatorze heures, et ce retard frappe sur la correspondance de beaucoup de villes importantes par leur commerce; soit, par exemple, les lettres de Lyon, de Saint-Étienne, de Marseille, de Toulouse, de l'Italie, de l'Espagne, pour Saint-Quentin, Bruxelles, Lille, Rouen, le Havre, la Prusse, la Belgique, l'Angleterre, etc.; et, *vice versa*, de tous ces derniers points pour le midi de la France. Ceci est un inconvénient grave; car, si l'accélération de la marche des courriers est, comme nous l'avons dit, une cause d'accroissement dans les produits, les lenteurs et les séjours en route ne doivent-ils pas produire un effet contraire? On parerait à cet inconvénient en établissant un double départ de courriers de Paris; les uns, expédiés le matin, emporteraient les lettres arrivées des départements, les journaux publiés à Paris et les lettres écrites dans la soirée de la veille; les autres, partant à six heures du soir, seraient chargés des lettres de Paris même et des correspondances administratives faites pendant la journée. Les courriers seraient plus rapides parce qu'ils seraient moins chargés, et beaucoup d'imprimés qui intéressent le service public, ne seraient jamais retardés pendant plusieurs jours faute de place, ce qui arrive quelquefois dans l'ordre actuel du service.

Si l'on objectait que les dépenses qu'entraînerait cette disposition seraient hors de proportion avec les produits que l'on pourrait en espérer, nous répondrions : 1° que cela pourrait ne point être exact, même dès l'origine, sur tous les points ; 2° que bientôt après l'accroissement des lettres en transit par Paris couvrirait et au-delà la dépense (1); 3° et qu'enfin, sauf quelques routes où un double service en malle-poste pourrait être nécessaire, rien ne s'opposerait à ce que les transports du matin fussent confiés à des entreprises particulières de diligences, services que, selon leur importance, on pourrait faire surveiller par un courrier de l'administration, chargé d'accompagner les dépêches et de les distribuer aux bureaux de poste de la route. Ces doubles courriers devraient être établis sur toutes les lignes où se trouveraient des villes qui pourraient recevoir ainsi leurs lettres des départements en transit par Paris, le jour même de leur arrivée à Paris, ou le lendemain avant le passage de la malle-poste partie de Paris le soir du même jour. Les transports de dépêches par entreprises sont à bon compte généralement en France (2), et

(1) Voir ci-après, chapitre 4, les frais d'un service en malle-poste comparés aux recettes.

(2) Le terme moyen du prix d'un service par entreprise en France, est de 1647 fr. En effet, le nombre des entreprises est de 1700 environ, et la dépense annuelle est de 2,800,000 fr. (Voir comptes définitifs de 1836.) Le nombre des lieues parcourues par an par tous ces courriers d'entreprises réunis étant d'environ 7,800,000, le prix du transport des dépêches par entreprises est en France de 36 c. par lieue à peu près.

le trésor serait bientôt payé avec usure des frais de ces nouveaux services par l'accroissement du nombre des lettres.

Il existe, il est vrai, déjà aujourd'hui des services supplémentaires de transport de lettres et de journaux pour la banlieue de Paris; mais, indépendamment de ce que ces services, tels qu'ils sont, laissent beaucoup à désirer dans leur exécution, ils parcourent de trop courtes distances, et ils ne peuvent atteindre le but que nous proposons par les courriers du matin. Ces courriers du matin, au contraire, feraient le transport des lettres de Paris pour la banlieue, et arriveraient plus vite que les voitures auxquelles ce transport est actuellement confié.

L'autre source toute nouvelle de produits dont nous avons parlé se trouverait dans un emploi mieux entendu du service des facteurs ruraux (1).

On n'a pas assez pensé, jusqu'à ce jour, aux moyens de rendre ces facteurs des agents plus actifs de bien-être et de civilisation dans les communes qu'ils parcourent. La loi de poste (2), qui fixe à cinq pour cent le prix du transport de l'argent, et assujétit en même temps les envoyeurs au paiement d'une reconnaissance timbrée et le destinataire à la nécessité de se transporter au bureau de poste pour toucher son mandat, ne permet guère aux habitants des campagnes d'envoyer ou de recevoir de petites sommes d'argent par la poste. Si les

(1) Ceci a fait l'objet d'un Mémoire adressé au Ministre des finances par un membre distingué du corps municipal de Paris, vers le milieu de l'année 1837.

(2) Loi du 5 nivôse, an V, relative aux envois d'articles d'argent par la poste.

facteurs ruraux étaient autorisés à recueillir dans les communes ces petites sommes d'argent, montants de quittances qui auraient été envoyées administrativement aux directeurs, et sur lesquelles le bureau de poste chargé de l'encaissement percevrait le droit proportionnel de cinq pour cent, les communes trouveraient enfin le moyen de se mettre en rapport avec les grands siéges de fabrication et s'approvisionneraient à Paris de beaucoup d'objets à bas prix, mais de première nécessité; ils connaîtraient enfin l'usage de ces choses qui donnent aux habitants, même pauvres, des grandes villes tant de supériorité de civilisation sur les habitants des campagnes, choses qu'on ne peut pas fabriquer dans les petites villes, parce qu'il n'y a qu'une immense consommation qui puisse compenser les frais de la fabrication et surtout le bas prix auquel on veut les avoir; objets enfin que, de tous les points de la France, on ferait venir de Paris, sans la difficulté, insurmontable jusqu'à présent, de la part du fournisseur, de s'en faire payer le prix (1). En effet, le consommateur placé aux environs de Toulon, par exemple, qui aurait une somme de 11 fr. nette à faire toucher au fabricant à Paris devrait payer à la poste d'abord cinq pour

(1) Que l'on considère combien l'intelligence et les connaissances du peuple des campagnes pourraient être hâtées par la jouissance de nouvelles choses utiles à la vie, par ce premier luxe pour ainsi dire de nécessité, par la mise à sa portée d'objets utiles, de meubles à bon marché, de livres, d'instruments domestiques qu'il ne connait même pas aujourd'hui, parce que, bien qu'on puisse les lui faire parvenir, le prix en serait plus que quadruplé par les frais à faire dans la législation actuelle pour en opérer la rentrée; et l'on sera porté à désirer vivement que la modification si simple dans le service des articles d'argent, dont il est question ici, puisse s'opérer un jour.

cent de 11 fr. ou 55 c.; le prix de la reconnaissance timbrée ou 35 c.; enfin le port de la lettre, 1 fr.: total 1 fr. 90 c., c'est-à-dire, plus de dix-huit pour cent de la somme à envoyer. Pour l'envoi d'une somme de 1 fr. de Bayonne à Paris, il en coûte 1 fr. 05 c., savoir: 1 fr. pour le port de la lettre, et 0,05 c. pour le droit de cinq pour cent (1) ou cent cinq pour cent de la valeur envoyée; l'opération n'est donc pas faisable, et si le particulier qui doit payer habite la campagne, elle est impossible; car il faudrait qu'il se transportât au bureau de poste, et dans ce cas il faut ajouter à tous les frais ci-dessus les dépenses résultant de son déplacement, de la perte de son temps, etc., etc.

Il suit de là que les demandes de marchandises de peu de valeur des provinces à Paris doivent être très-rares; et il paraîtrait cependant que les besoins à ce sujet sont bien grands, puisque, malgré toutes les difficultés du recouvrement, il se trouve encore environ 2000 quittances expédiées par jour de Paris pour les départements; ce chiffre nous a été donné par une personne très-bien placée pour le connaître, et nous y ajoutons toute créance.

Ces quittances, faites aujourd'hui en général pour paiement du prix d'objets de librairie ou de journaux, ne sont pas confiées à la poste; elles sont réunies par plusieurs personnes qui font commerce de ces espèces de recouvrements, triées, mises en paquets pour chaque chef-lieu de département, accompagnées

(1) La reconnaissance timbrée n'est exigée que pour un envoi au-dessus de 10 fr

d'un bordereau, et enfin expédiées par les diligences aux receveurs généraux et d'arrondissement.

Mais les percepteurs, entre les mains desquels il faut que ces billets arrivent définitivement, ne font leur tournée qu'une fois par mois; mais les rentrées sont tardives; mais les frais sont considérables (1). L'administration pourrait faire par ses facteurs ce recouvrement tous les jours. Chaque envoyeur de bons semblables paierait volontiers cinq pour cent de commission, s'il n'y avait que cinq pour cent à payer. Or, 2000 quittances par jour font 730,000 quittances par an: en les supposant de 15 fr. l'une, on aurait à opérer une recette de 10,950,000 fr., qui, à raison de cinq pour cent, produiraient à l'État 547,500 fr. dès la première année, et cela en supposant que le nombre des quittances restât le même; mais cette facilité donnée au commerce par l'administration des postes, augmenterait en peu de temps le nombre des quittances, et l'opinion de la personne de qui nous tenons ces renseignements était que, dès la première année, leur nombre devrait plus que doubler. La recette du droit serait donc de 1,095,000 fr.

Et qu'on ne s'effraie pas du supplément de travail que devrait causer aux employés des postes la transmission des quittances des mains des particuliers aux mains des agents de l'administration centrale, et de ceux-ci aux directeurs des départements et aux facteurs ruraux; cette transmission serait simple et facile, et

(1) Ces frais aujourd'hui sont généralement de 15 ou 20 p. o/o.

pourrait s'opérer sans augmentation sensible dans les frais de perception.

Qui peut dire cependant combien la civilisation gagnerait dans l'avenir à ce surcroît de bien-être que les habitants des campagnes retireraient du plan proposé; combien le commerce, à ce nouveau et immense débouché; combien, enfin, le trésor public, par la perception du droit de cinq pour cent indépendamment du nombre des lettres nouvelles qui accompagneraient l'établissement du nouveau service et que nous supposons devoir être considérable !

Or, maintenant, que l'on veuille donc considérer le service des postes comme un élément de prospérité sociale ou financière, on sera conduit à conclure qu'il laisse quelque chose à désirer, tant que l'administration investie du privilége ne transporte pas l'universalité des lettres que les particuliers ont intérêt à écrire.

Et ce résultat peut être amené par deux causes, soit que l'administration ne puisse les transporter assez fréquemment ou assez rapidement, soit qu'elle ne les transporte pas à assez bon marché.

Nous avons vu que, dans le cours des vingt années qui viennent de s'écouler, l'administration des postes avait multiplié le nombre de ses courriers et accéléré la marche des lettres par les divers moyens qui étaient en son pouvoir. Elle a fait le service journalier en 1828, le service rural en 1829; plus récemment encore, elle a régularisé la marche des correspondances sur divers points, et elle a multiplié le nombre des bureaux de poste : toutes choses qui tendaient à ce résultat, d'augmenter le nombre des lettres en circulation. Cependant, nous ne pensons pas qu'on écrive à beaucoup près encore en France autant qu'on pourrait écrire ; l'accroissement du nombre des lettres devrait être plus grand.

Plusieurs causes, en effet, depuis plus de quinze ans, semblent concourir en France à l'augmentation des correspondances ; l'instruction primaire plus généralement propagée, l'accroissement de la population, la division des fortunes, les entreprises industrielles de toutes sortes, le commerce plus répandu, mais aussi plus partagé, moins productif peut-être pour chacun, mais exigeant des efforts plus constants et une activité plus grande de la part de tous ; enfin, tout, dans l'état actuel du pays, paraît devoir concourir à augmenter le nombre des lettres et les produits de poste. Nous avons indiqué, il est vrai, et indiquerons bientôt encore quelques améliorations importantes à faire dans le service, en ce qui touche la réception des dépêches et la distribution des lettres ; car il ne suffit pas que les courriers marchent vite, si les agents des postes ne sont pas en mesure de distribuer les lettres avec une égale rapidité ; mais, en somme, le principal obstacle à l'augmentation du nombre des lettres nous paraît résulter beaucoup moins de l'exploitation du service en général que de l'élévation du tarif, et peut-être aussi des formes et des proportions d'après lesquelles ce tarif est appliqué.

Il faut certainement qu'un service public soit exact et rapide, et qu'il se trouve en tout lieu sous la main de celui qui a intérêt à l'employer ; mais, pour être universellement adopté, il faut encore qu'il soit offert à bon marché.

Le prix du port des lettres est trop élevé en France, et le fait peut être démontré sous le rapport moral, comme sous le rapport financier.

En effet, on peut remarquer que le transport des personnes et des marchandises en France se rencontre à tout prix; chaque besoin, chaque fortune en trouve à sa portée. Le service des postes, qui est l'objet d'un besoin plus fréquemment senti, le plus impérieux peut-être après celui des choses de première nécessité, est au même prix pour tous; il est donc juste et moral qu'il soit fixé au plus bas prix possible.

Supposons un ouvrier venant du département de l'Ariége s'employer à Paris : il lui sera presque interdit, dans l'ordre de choses actuel, de communiquer avec sa famille; car le port d'un franc dont sera frappée sa lettre, à chaque fois qu'il écrira, représentera la journée de travail de son père ou de son frère (1).

Sous le rapport financier, on peut apercevoir que les produits des postes n'ont pas augmenté dans une proportion suffisante avec l'accroissement du com-

(1) Si un franc pour un ouvrier représente, par exemple, une demi-journée de travail en France, le paiement de la taxe d'une lettre sera pour lui une dépense égale à celle de 137 fr., pour un particulier qui jouirait d'un revenu de 10,000 fr., par an. Cependant, demandez une somme de 137 fr., pour le transport d'une lettre, à un propriétaire ou à un industriel, comme une taxe au marc le franc de son revenu de 274 fr., par jour, et vous entendrez sans doute de très-vives réclamations. Elles seraient justes, mais celles de l'ouvrier le seront au même titre jusqu'à ce que la taxe soit réduite au prix réel du service rendu.

Cependant les personnes qui ont occasion de juger des progres moraux des

merce et de la population, à la suite de vingt années de paix. Le droit du dixième perçu sur le prix de transport des voyageurs dans les voitures publiques, s'est élevé de 1816 à 1836, de 1,669,367 fr. à 4,305,369 fr., c'est-à-dire a triplé. Le produit de la taxe des lettres n'a pas pris le même accroissement : la recette nette de 1816 a été de 19,825,000 fr., et la recette de 1836 de 35,600,000 fr., c'est-à-dire qu'elle a doublé seulement et cependant la recette des postes eût dû s'élever dans une proportion bien plus considérable que le 10e du produit des places des voyageurs, parce que l'envoi d'une lettre est un besoin bien plus général, plus fréquent et plus à la portée de tous, que le transport des personnes.

S'il y avait à opérer une réduction sur une taxe quelconque, ne conviendrait-il pas de choisir d'abord celle dont l'abaissement donnerait la plus grande somme d'avantages au public, avec la moindre perte pour le trésor? Or, l'impôt qui se prête le mieux à l'accomplissement de ces deux conditions, est la taxe des lettres; car, si le revenu des postes devait, en définitive, supporter une réduction, il serait encore douteux de savoir si la transmission des lettres à un plus bas prix ne développerait pas si puissamment les diverses sources de

jeunes gens de cette classe, savent que, lorsque le fils devient négligent à correspondre avec sa famille, lorsque la fille, éloignée de sa mère, cesse de lui écrire régulièrement, quand ses lettres deviennent courtes et rares, la démoralisation de l'absent est un fait sinon accompli, au moins très-prochain, et la société (dit un auteur anglais) qui tient en réserve les travaux forcés pour le commis dépositaire infidèle, et l'infamie pour la fille qui a failli, doit à sa propre justice de ne pas briser des communications préservatrices et de resserrer au contraire, autant que possible, des rapports de famille qui sont la garantie de moralité la plus sûre.

produits, que les autres branches de revenu public indemnisassent largement le trésor public de la diminution des recettes des postes.

Mais il en est autrement; les recettes augmentent, et l'accroissement trop faible encore, quoique progressif, de ce produit indique des besoins nouveaux de la part du public, besoins qui seraient plus complètement satisfaits si les bénéfices annuels de l'administration étaient moins considérables, ou, en d'autres termes, si le prix du transport, auquel le commerce est obligé d'avoir recours, était moins élevé.

Ne semble-t-il pas juste, d'ailleurs, qu'à mesure que les communications deviennent plus fréquentes, le prix de transport s'abaisse? et ne doit-on pas être porté à croire que l'administration des postes se récupérerait plus complètement des frais d'exploitation par le plus grand nombre de lettres que cette diminution de la taxe ferait rentrer dans son service? Les chemins de fer viennent en preuve à cette opinion; si l'administration était conduite à employer plus généralement cette voie, le moyen de transport de dépêches le plus rapide et le plus fréquent de tous, et, par cela même, le plus productif pour l'administration, ne coûterait rien ou presque rien; le tarif des postes, là au moins, ne devrait-il pas être abaissé?

Mais c'est partout qu'il devrait être abaissé, car il est partout trop élevé. Aujourd'hui, dans le commerce, un négociant défend à son correspondant de lui écrire toutes les fois qu'il n'a pas quelque chose d'important à lui dire; car le port de la lettre est toujours là entre eux comme une gêne et comme un obstacle. Si l'opération qui doit faire l'objet de la lettre ne présente pas un bénéfice clair et certain, la lettre n'est pas écrite, l'opération n'est pas tentée, et la faute en est à la taxe de la lettre qui, dans tous les cas, est une dépense que l'on craint, et que l'on évite le plus souvent qu'on peut.

La poste, qui devrait se présenter toujours comme une grande route ouverte, facile et presque gratuite pour le transport de ces premiers germes de commerce et d'industrie, se trouve là tout d'abord comme une dépense et comme un obstacle.

Qu'arrive-t-il de cela, cependant? si le particulier trouve le port de sa lettre trop élevé, ou absolument, ou relativement à l'opération qu'il tente, il la fera transporter en fraude, où il ne l'écrira pas. Dans le premier cas, la taxe, quelque minime qu'elle eût été, dans l'hypothèse d'une réduction de nature à faire rentrer la lettre dans le service, est perdue pour le trésor; et, dans le second cas, il y a perte pour tout le monde, savoir : 1° pour le particulier qui se prive d'écrire; 2° pour la recette des postes à laquelle échappe et le port de la lettre et le port de la réponse que cette lettre aurait pu amener; 3° enfin, pour les autres branches de revenu public qui auraient profité des transactions ou des consommations que cette correspondance aurait pu faire naître.

Celui qui soustrait sa lettre au service des postes, en effet, est guidé par l'un de ces deux motifs : ou il espère faire transporter cette lettre plus rapidement, ou il désire éviter tout ou partie du prix de transport.

Or, si le service que fait la poste n'est pas le plus fréquent transport qui s'opère sur certaines routes, au moins est-il à peu près partout le plus rapide, et nous ne craindrons pas de nous tromper en disant que, sur dix envois de lettres en fraude, neuf au moins sont déterminés par le désir de se soustraire au paiement d'une taxe trop forte eu égard aux frais moins élevés que comporte le transport en fraude auquel les particuliers ont recours; et, tout d'abord, il y a donc présomption que si le prix de transport par la poste était diminué, le nombre des lettres confiées au service augmenterait.

Le nombre des lettres transportées en fraude en France est et a toujours été considérable. Il y a vingt ans, on estimait que le nombre des lettres envoyées en dehors de la poste était égal à celui des lettres que transportait l'administration. Depuis ce temps, la marche des courriers a été successivement accélérée, et l'administration a pu regagner ainsi une grande partie des lettres qui lui échappaient par suite de la lenteur relative de la marche de ses dépêches; mais la taxe n'a pas diminué, elle a même été plutôt élevée que réduite par le tarif du 15 mars 1827, et les lettres qui échappaient au service des postes à cause de l'élévation du prix de transport, lui échappent probablement encore.

La fraude pour le transport des lettres se fait en tous temps, en tous lieux, et se reproduit sous mille formes diverses. Le public est naturellement ingénieux quand il s'agit de trouver les moyens d'éviter de payer les ports de lettres; tantôt c'est une enveloppe dont la suscription seule, le timbre ou l'écriture suffisent au destinataire, qui, après l'avoir regardée, la refuse aussitôt (1);

(1) Voir un exemple de fraude semblable, note 2.

tantôt c'est un journal ou un imprimé sur lequel quelques phrases sont soulignées, piquées ou arrachées (1).

Le nombre des objets saisis annuellement en fraude est cependant peu élevé ; en 1837, on n'a pas saisi plus de huit cent soixante-onze lettres ; et ce nombre n'indique rien, si ce n'est l'impossibilité d'exercer tous les jours une surveillance qui, en définitive, ne paraît pas être le meilleur moyen de réprimer l'abus. Qu'importe, en effet, au particulier que sa lettre soit saisie ? c'est le messager tenté par le gain qu'il retire de son industrie, qui paie l'amende ; mais pour l'envoyeur il n'y perd que sa lettre, et le lendemain la question du port à payer se représente de nouveau pour lui, en même temps que le désir de se soustraire à la taxe. Si ce n'est pas alors le même messager qu'il emploiera, ce sera un autre moyen ; car il y en a mille, lorsque la personne qui écrit ne croit pas que sa lettre vaille le prix de la taxe. Mais le danger même de voir une lettre saisie en fraude est tres-rare. Ces huit cent soixante-onze lettres saisies en 1837 ont été le ré-

(1) Notre auteur anglais donne un exemple assez curieux d'une fraude faite en Angleterre. Nous traduisons littéralement :

« Il y a quelques années, lorsqu'il était reçu qu'on pouvait opérer le transport d'un journal en franchise, en apposant le nom d'un membre du parlement sur l'adresse, un de mes amis, au moment de partir pour un voyage en Écosse, arrêta avec sa famille un plan au moyen duquel il donnerait exactement des nouvelles de sa marche et de l'état de sa santé, sans que ni lui ni elle fussent assujétis à la désagréable obligation d'acquitter des ports de lettres. Il prit avec lui une grande quantité de vieux journaux, et chaque jour il en jetait un dans la boite du bureau de poste de la ville où il se trouvait. Le timbre du départ était pour la famille un certificat officiel de son itinéraire et l'état de sa santé était exprimé par l'état connu de la santé du membre du parlement dont il empruntait ce jour-là le nom pour opérer la franchise. Sir Francis Burdett, par exemple, pour exprimer une santé vigoureuse, etc., etc. » Voir aux pièces à l'appui (Note n° 2) le détail d'une autre espèce de fraude.

sultat de deux cent soixante-trois procès-verbaux de visites seulement, faites sur des entrepreneurs de diligences ou autres. Or il y a douze cents services par entreprises de transports de dépêches journaliers en France, et plus du double de diligences, de messagers, de pourvoyeurs, etc., marchant régulièrement de ville à ville ou de provinces à provinces; soit deux mille quatre cents, et avec les services d'entreprise de poste, trois mille six cents courriers, messagers, etc., marchant tous les jours. Ces courriers et messagers font ensemble deux millions six cent vingt-huit voyages par an, en comptant l'aller et le retour. C'étaient donc deux millions six cent vingt-huit mille occasions de fraude, et je crois que nous sommes ici plutôt au-dessous qu'au-dessus du vrai nombre. Combien l'administration a-t-elle opéré de fois? deux cent soixante-trois, c'est une fois sur dix mille. Il y a donc dix mille chances à parier contre une qu'un messager en fraude ne sera pas saisi, et si on multipliait par dix mille le nombre de lettres saisies en 1837, on obtiendrait huit millions sept cent dix mille lettres, ou environ 4,350,000 fr. de produits qui ont ainsi échappé à la taxe.

Il faut cependant tenir compte encore de l'abus du contre-seing et de la franchise des fonctionnaires, qui est assez considérable, et de la fraude faite par les voyageurs de commerce ou autres, lesquels prennent aussi des lettres de leurs maisons, de leurs amis, de leurs compatriotes, d'inconnus même, qu'ils remettent ensuite plus ou moins exactement, il est vrai, mais qui dans tous les cas échappent à la taxe (1). Or les moyens de transport et de com-

(1) Si chaque voyageur en France est chargé seulement d'une lettre, et cette

munication de toute sorte se multiplient chaque jour en France, et ouvrent de nouvelles et faciles voies à la fraude de la taxe des lettres.

Nous avons dit que la répression est difficile; elle serait souvent trop rigoureuse dans l'exécution. L'administration des postes ne saisit pas les lettres sur les particuliers qui se chargent accidentellement de leur transport. Les messagers, les conducteurs de diligences, les fraudeurs d'habitude, ceux enfin qui tirent parti de ce transport, sont seuls l'objet de ses investigations et de ses poursuites; et, en effet, le privilége des postes doit être avant tout profitable au public et aux relations de toute sorte qu'il entretient, et son service ne doit pas être une gêne, même pour les affaires qui n'emploient pas son intermédiaire. Là où l'administration des postes ne fait pas de service du tout, comme là où son courrier, ne marchant qu'une fois par jour, se trouve en concurrence avec d'autres services particuliers partant ou arrivant trois ou quatre fois, l'administration ne devrait pas saisir les lettres en fraude.

Les tribunaux semblent partager ce sentiment; ils

proportion est bien peu élevée, car chacun sait que bon nombre de voyageurs en emportent un très-grand nombre, on aura plusieurs millions de lettres transportées de cette manière seulement. En effet, il y a à Paris trois grandes entreprises qui desservent chaque jour plus de quinze routes, et qui, à raison de 12 voyageurs par voitures, transportent plus de 1000 voyageurs par jour, retour compris, ou 360,000 par an. Les autres diligences, ou messageries de ville à ville, que nous avons estimé devoir faire au moins 2,600,000 voyages par an, à raison de 4 voyageurs seulement, nous donneraient 10,400,000 voyageurs et avec les 360,000 de Paris, 10,760,000 voyageurs, ou 10,760,000 lettres transportées en fraude, c'est-à-dire encore 5,380,000 fr. de perte pour le trésor. Si la taxe était réduite à un prix très modique, la plus grande partie de ces lettres rentrerait dans le service des postes.

ont déjà permis à l'industrie particulière de s'immiscer dans le transport des journaux et des imprimés dans Paris. Il est vrai que l'administration des postes pouvait conserver ce transport exclusif, et qu'elle le pourrait encore ; il ne faudrait pour cela que faire ce transport plus exactement et à meilleur marché que personne, et elle en a les moyens.

Le seul parti juste et rationnel donc à prendre pour diminuer la fraude, c'est d'abaisser le prix du transport des lettres ; et peut-être y a-t-il moins à faire qu'on ne croit pour obtenir la rentrée dans le service des postes de la plus grande partie des lettres transportées en fraude. En effet, parmi les correspondances soustraites au transport public, quelques-unes arrivent gratuitement sans doute, et l'envoyeur a pu ne les écrire que dans cette opinion qu'elles arriveraient franches de tout port ; mais beaucoup d'autres aussi paient un prix quelconque de transport. Ces lettres avaient toutes une certaine utilité sans doute, puisqu'on a pris la peine de les écrire, et l'envoyeur eût consenti probablement à payer à la poste un port modéré ; car la poste, à prix égal, aura toujours l'avantage sur tout autre moyen de transport ; il faut donc que le port actuel soit un obstacle très-grand, une gêne véritable pour l'envoyeur, au moins eu égard à l'importance de l'affaire qu'il traite, pour qu'il s'expose à voir sa lettre saisie ou perdue, et une amende prononcée contre la personne qu'il a chargée du transport.

Diminuez les taxes, et le prix de port d'une grande partie de ces lettres en fraude reviendra au trésor public. Essayons de traduire ceci par des chiffres.

Le nombre des lettres soumises à la taxe a été en 1836 de soixante-dix-neuf millions (1). Supposons que le nombre des lettres transportées en fraude ait été des quatre cinquièmes de celui des lettres taxées, il y a eu soixante-trois millions deux cent mille lettres transportées en fraude, ci 63,200,000

Otons un dixième de ces lettres que nous supposons avoir été confiées à des transports plus prompts ou plus fréquents que la poste, et qui dans tous les cas eussent échappé au service. 6,320,000

Reste 56,880,000

qui représentent le nombre des lettres qui ont été soustraites au service public pour éviter la taxe.

Supposons qu'un cinquième de ces lettres ait été écrites en prévision d'un port gratuit, attendu que l'importance des affaires traitées ne comportait pas le paiement d'une taxe quelconque; ci 11,376,000

Il restera encore 45,504,000

lettres qui étaient assez intéressantes pour comporter une taxe, mais une taxe moins élevée que la taxe actuelle, et qui seraient probablement rentrées dans le service des postes si le tarif eût été moins élevé.

(1) 78,970,561. V. Annuaire des postes de 1838

CHAPITRE II.

Appréciation des frais. — Projets de réduction.

Nous avons cherché à démontrer que le prix du transport des lettres en France était trop élevé en général ; nous allons examiner maintenant cette taxe en elle-même, les bases sur lesquelles elle a été établie, et les divers moyens de la modifier ou de la réduire.

On a dit souvent, pour motiver l'élévation du port des lettres, que cette taxe était le prix d'un service rendu. Mais toute autre espèce d'impôt est aussi le prix d'un service rendu : seulement, comme l'emploi de l'impôt n'est pas partout immédiatement applicable à l'exploitation du service même sur lequel l'impôt est prélevé, le contribuable ne suit pas la somme perçue jusqu'à l'application de cette somme à un service public qui lui est profitable, et paie à regret et sans reconnaissance. Il est cependant très-vrai que l'impôt des portes et fenêtres, par exemple, paie l'entretien des routes ou la garde des frontières, au même titre et à peu près de la même manière que la taxe des lettres paie les frais des malles-postes, et le salaire des courriers et des facteurs.

Or, si la taxe des lettres est le prix du service rendu par l'État aux particuliers, le prix doit-il s'élever, et dans quelle proportion doit-il s'élever au-dessus des dépenses de l'exploitation ? C'est ce qu'il convient d'examiner.

Nous avons entendu quelque part défendre cette opinion, que le produit de la taxe des lettres ne devait être considéré comme le prix d'un service rendu que pour la partie de ce produit qui représentait les dépenses d'exploitation, et que, pour le surplus de la recette, c'était un impôt qui devait, comme les autres impôts, être réparti également entre tous les citoyens.

En effet, disait-on, si la taxe des lettres est le prix d'un service exécuté, cette taxe est complètement perçue lorsque toutes les dépenses d'exploitation sont couvertes : l'excédant de la recette, s'il en existe, devrait donc être supprimé, et les taxes diminuées dans une égale proportion ; ou, si l'impôt est nécessaire, il devrait être perçu comme tout autre impôt, c'est-à-dire par parties égales entre tous les particuliers. Or supposons la recette des postes de 40 millions (1), et les dépenses de 20 millions de francs tant en matériel qu'en personnel : la différence, c'est-à-dire la somme de 20 millions de francs, est un impôt, et cet impôt semble très-injustement réparti ; car l'habitant de Toulon, par exemple, le supporte dans une proportion cinq fois plus grande que l'habitant de Versailles. En effet, la taxe de Paris à Versailles est de 2 décimes par lettre simple, et celle de Paris à Toulon est de 10 décimes ; toutes les taxes de poste de France ayant donné 40 millions, et la

(1) Ces chiffres sont approximatifs ; voir note, page 1.

dépense étant de la moitié, les frais du service rendu sont pour la correspondance de Versailles de 1 décime par lettre simple, et pour Toulon de 5 décimes, c'est-à-dire, pour chacune, moitié de la taxe totale. Si l'excédant est un impôt, il est ainsi réparti : Versailles paie 1 décime d'impôt par lettre simple, et Toulon 5 décimes, c'est-à-dire cinq fois davantage. De là découlait la proposition de soumettre toute lettre à deux taxes : 1° à la taxe proportionnelle aux frais d'exploitation ; 2° à une taxe fixe dont le montant serait égal à l'excédant des recettes sur les dépenses, divisé par le nombre des lettres en circulation.

A ce raisonnement, cependant, on pourrait objecter que, si une lettre de Paris pour Toulon paie 10 décimes dont 5 décimes d'impôt, Paris paie aussi 5 décimes d'impôt pour la lettre venant de Toulon, et tous les destinataires de lettres en France paient à leur tour, lorsqu'ils reçoivent des lettres, un impôt proportionné à la distance qu'a parcourue la lettre qui leur est remise : les petites distances, il est vrai, paraissent, dans la répartition de l'impôt, avoir l'avantage du nombre sur les grandes; mais, comme toutes les villes de France peuvent entretenir des relations à de longues comme à de courtes distances, il s'ensuit que les avantages et les inconvénients du mode de taxe sont balancés pour toutes les villes, et que l'impôt se trouve égal pour tous.

Mais revenons à l'appréciation du service rendu, et au prix actuel de revient du transport d'une lettre en France.

Et d'abord, pour faire ce compte exactement, il faut

être fixé sur le nombre et le poids des paquets administratifs que le service des postes transporte gratuitement chaque année; car si l'administration n'était pas couverte de ses dépenses par la taxe que paient les particuliers pour le transport de leurs lettres, le gouvernement devrait supporter les frais du transport des dépêches des diverses administrations publiques. Il est donc juste que les correspondances administratives soient comptées dans notre appréciation générale des dépenses résultant du transport des correspondances en France.

Or, le nombre et le poids des lettres administratives transportées en franchise par le service des postes est difficile à constater exactement. Il faudrait, pour arriver rigoureusement à ce résultat, qu'à l'arrivée et au départ des dépêches, et pendant un temps assez long, les lettres administratives fussent taxées fictivement, et cette taxe constatée sur des états particuliers. Cette opération serait longue, parce que l'appréciation du poids de paquets d'un volume souvent considérable, et toujours différent des lettres ordinaires, entraînerait un délai qui serait de nature à retarder l'expédition des courriers ou la distribution des lettres. Ce travail s'est fait sous l'ancienne administration, il est vrai; mais, outre qu'il a été entaché d'inexactitude au moment même où il s'opérait, depuis ce temps, l'augmentation du nombre des lettres franches a été telle, que l'ancien travail serait aujourd'hui plus nuisible qu'utile.

L'augmentation des correspondances administratives est due à notre système de centralisation, qui amène à

Paris des renseignements écrits et des pièces de toute nature, des points les plus éloignés du centre, et qui fait que c'est aussi de Paris que se répandent partout en France jusqu'aux formules imprimées dont font usage cent mille payeurs, percepteurs et fonctionnaires de toute espèce; et comme cette centralisation s'opère d'abord au chef-lieu de chaque département, les mêmes pièces et les mêmes renseignements passent deux fois par le service des postes, savoir : de Paris aux chefs-lieux et des chefs-lieux aux communes, et au retour des communes aux chefs-lieux et des chefs-lieux à Paris.

L'augmentation du nombre des paquets administratifs ne résulte pas seulement des formes si satisfaisantes, mais si multipliées, de notre comptabilité centrale, mais aussi des renseignements statistiques qui se réunissent et s'emploient maintenant partout, des justes exigences de la cour des comptes, des justifications à fournir aux chambres, enfin des rapports plus nombreux chaque jour des diverses administrations publiques avec tous les particuliers en France. Toutes ces causes, qui sont inhérentes à la forme de notre gouvernement et aux besoins de notre comptabilité, font que non-seulement le nombre des dépêches circulant en franchise à Paris et en province entre fonctionnaires de tous grades est devenu considérable, mais que le poids de presque toutes ces lettres dépasse de beaucoup celui des plus gros paquets soumis à la taxe; en sorte que, si celles-là étaient taxées selon l'échelle de poids et de distance fixée par le tarif, la somme de produits qu'ils donneraient dépasserait de beaucoup les produits ordinaires des lettres. Nous ne craignons pas de nous tromper en disant que le montant de cette taxe serait de cent cinquante pour cent plus élevé que le produit total des lettres taxées circulant en France, soit la somme de 54,000,000 fr. au lieu de 36,000,000 fr. (1); ou, pour traduire cette proportion par un nombre de lettres simples, si le nombre des lettres taxées circulant dans le service est annuellement de soixante-dix-neuf millions (2), le nombre de lettres administratives circulant en franchise en France, considérées comme simples, serait d'environ cent dix-huit millions cinq cent mille.

La taxe moyenne des postes sera encore affectée par une autre nature de correspondance; nous voulons parler des journaux.

Si les correspondances administratives ne paient aucun port, les journaux paient un port réduit qui ne suffirait pas aux frais de leur transport et de leur distribution et que compense encore le montant de la taxe des lettres des particuliers.

Le nombre des journaux et imprimés taxés transportés par la poste en France est annuellement de quarante-six millions deux cent trente mille (3). Le produit de la taxe n'est que de 1,800,000 fr. par an. Le prix du port de ces imprimés est de 4 c. ou de 2 c. 1/2 ou de 1 c. 1/4 par feuille, selon leur dimension, et nous verrons tout à l'heure que le prix moyen de transport et de distribution d'une lettre ou d'un journal est plus élevé.

(1) Produit net de la taxe des lettres en 1836 : 35,665,732 fr.
(2) Voir Annuaire des postes de 1838, page 158.
(3) *Ibid.*, page 159.

Ces données obtenues, pour trouver le prix moyen du transport et de la distribution d'une lettre ou d'un journal circulant par la poste, nous procéderons ainsi qu'il suit :

Le nombre des lettres taxées qui ont circulé en France par le service des postes en 1836 est de 79,000,000 (1).

Le nombre des journaux et autres imprimés taxés 46,250,000 (2).

Le nombre des lettres en franchise. 118,500,000

Total du nombre de lettres et d'imprimés circulant dans le service des postes en un an 243,750,000.

Les dépenses de toute espèce de l'administration des postes en 1836 ont été de 19,409,701 fr. (3).

19,409,701 fr. divisés par 243,750,000 fr. égalent $0^{fr.}$,0796. En conséquence, le prix du transport et de la distribution d'une lettre, d'un journal ou d'un imprimé, y compris tous les frais de la rentrée des produits, a été en 1836 de $0^{fr.}$,0796, ou un peu moins de 0,08 c., et encore il convient de remarquer que dans cette dépense de 19,409,701 fr., nous avons compris des frais de personnel à Paris et en province, qui servent en même temps à la rentrée de certains produits étrangers au transport des let-

(1) Voir Annuaire des postes de 1838, page 158.

(2) Ibid., page 159.

(3) Voir le compte définitif des dépenses de l'administration des finances en 1836 distribué aux chambres en 1838 :

Chap. 21.	Personnel à Paris,	443,712 fr.	19,409,701
Chap. 20.	Personnel en province,	9,509,295	
Chap. 41.	Transport des dépêches sur terre,	9,449,194	
Chap. 40.	Restitutions,	7,500	

tres, tels que la recette du prix des places des voyageurs dans les malles et dans les paquebots et le droit de cinq pour cent sur les articles d'argent, produits qui seuls se sont élevés en 1836 à 2,500,000 fr. (1); et nous n'avons pu faire autrement, parce que les mêmes employés sont chargés en même temps de ces diverses recettes.

Maintenant que nous avons vu ce que coûte au trésor public le transport d'une lettre ou d'un journal, cherchons quel est le taux moyen du produit de l'objet taxé.

Si on divise la recette nette du produit de la taxe des lettres et des journaux en 1836 par le nombre des lettres et des journaux qui ont été taxés en France pendant la même année, on obtiendra le résultat suivant :

Les recettes nettes de la taxe des lettres en 1836, sont à peu près de 36,000,000 fr. qui, divisés par cent vingt-cinq millions deux cent cinquante mille lettres ou imprimés taxés, donnent 0,28 c. 1/3 à peu près pour moyenne de la taxe d'une lettre ou d'un imprimé taxé en 1836.

Mais comme la taxe des imprimés est de 0,4 c. par feuille, il s'ensuit que les quarante-six millions deux cent cinquante mille imprimés qui ont circulé dans le service des postes en 1836, ont dû donner seulement une recette de 1,850,000 fr. (2), et que la taxe des lettres a produit l'excédant des recettes, c'est-

(1) Produit des places dans les malles-postes en 1836 1,727,914 fr.
Droit de 5 p. 0/0, articles d'argent, même année, 771,839 } 2,499,753

(2) En effet, voici la recette exacte en 1836 :

Journaux,	1,417,159 fr.
Imprimés,	430,146
	1,847,305 fr.

à-dire 34,150,000 fr. Nous sommes donc conduits à diviser la somme de 34,150,000 fr. par le nombre des lettres taxées, afin d'avoir le taux moyen de la taxe des lettres : et nous trouverons que le prix de port moyen d'une lettre taxée en France est d'environ 0,43 c. 1/4 (1).

Mais la somme de ces taxes a donné au gouvernement le moyen de transporter, avec un grand rabais, les imprimés de toute espèce, et gratuitement toute la correspondance administrative.

Or, si les frais de transport d'une lettre sont en réalité de 0,08 c. et le produit d'une lettre taxée (taux moyen), de 0,43 c. la recette est donc de cinq cent trente pour cent plus élevée que le prix du service rendu ; enfin la partie de ces produits qui peut être considérée comme prix du service rendu est de 6,320,000 fr. et celle qu'on peut appeler un impôt, est de 29,980,000 fr.

D'autre part, la dépense effective résultant du transport des dépêches administratives, est de 9,480,000 fr., c'est-à-dire, qu'il y a cent dix-huit millions cinq cent mille lettres simples, à raison de 0,08 c. l'une, et cela si l'on n'a égard qu'aux frais réels d'exploitation; car le transport de cette correspondance administrative représenterait un emploi de 50,955,000 fr. si la dépense était calculée à raison de 0,43 c. par lettre, taux moyen de la taxe dont sont frappées les lettres des particuliers.

(1) Nous supposons que le nombre de 79,000,000 de lettres porté à l'Annuaire de 1838, est un peu exagéré, et que le taux moyen de la taxe d'une lettre est de 50 c. environ. C'est ainsi qu'on le compte dans les postes, et nous nous croyons suffisamment autorisé à prendre dans la suite cette somme de 50 c. pour base de nos calculs.

On voit donc dès à présent que la taxe des lettres devrait être réduite en France de cinq cent trente pour cent, si on voulait la mettre en rapport exact avec la dépense réelle causée par le transport et la distribution des seules lettres des particuliers, et de cinquante pour cent à peu près si on voulait mettre la recette en rapport avec la dépense réellement faite pour le transport et la distribution de toutes les lettres, journaux et imprimés taxés envoyés par les particuliers ou circulant en franchise, pour le service du gouvernement.

Avant que de traiter de la réduction possible de la taxe des lettres en général, il convient de parler d'abord de la taxe du service rural en particulier, et de la nécessité de supprimer le décime supplémentaire appliqué aux lettres distribuées ou recueillies dans les communes.

L'établissement du service rural est un des grands bienfaits de la précédente administration des postes. En rendant tout d'un coup journaliers au 1er janvier 1828 tous les services de transport de dépêches en France, dont un grand nombre ne marchaient précédemment que trois ou quatre fois par semaine, l'administration s'était imposé l'obligation de faire mieux encore. Par suite du service journalier, la position des communes qui ne possédaient pas de bureaux de poste devenait comparativement plus mauvaise chaque jour; car, sur trente-huit mille communes dont se compose la France, deux mille se trouvaient recevoir exactement leurs lettres tous les jours, et trente-six mille autres ne les recevaient pas du tout. L'administration a donc sollicité, comme nous l'avons dit, et obtenu des chambres en 1829 un nouveau crédit de trois millions pour payer des facteurs chargés de distribuer des lettres dans les communes privées de bureaux de poste. La loi du 3 juin 1829 disait que ce service serait fait au moins de deux jours l'un ; depuis 1830 il a été organisé journalièrement dans beaucoup de communes importantes, et chaque jour l'administration est entraînée vers le moment où il deviendra journalier partout.

Nous avons vu comment cette communication journalière entre les communes rurales et la ville principale qui les avoisine, pourrait être utilisée de manière à produire des résultats beaucoup plus avantageux. Ces messagers obligeants, par devoir et par intérêt, qui apportent jusque dans les fermes les plus éloignées, tous les produits de l'intelligence des villes, sont appelés à modifier un jour la condition des campagnes. Nous avons dit comment nous comprenons que ce résultat pourrait être obtenu (1); mais la cause qui nuirait toujours à ce développement, c'est la taxe du service rural.

En effet, la perception d'un décime supplémentaire sur la taxe ordinaire des lettres distribuées dans les campagnes, est injuste, et elle est improductive.

Elle est injuste : 1° parce qu'il n'est pas équitable, dans l'ordre naturel des idées, qu'un particulier qui reçoit sa lettre tous les deux jours et par un piéton qui arrive plus tardivement, paie un port plus élevé que celui qui, dans une ville, est servi tous les jours, et reçoit sa lettre immédiatement après l'arrivée du courrier ; 2° parce que, d'après l'esprit qui a présidé au système général

(1) Voir pages 11 et suivantes.

de la taxation des lettres, depuis la loi du 15 mars 1827, les lettres qui parcourent un plus grand trajet en ligne droite, doivent supporter une taxe plus considérable, et qu'ici très-souvent dans l'exécution le décime rural se trouve appliqué sur des lettres qui ont parcouru ou dû parcourir en ligne droite une distance moindre que celle qu'ont parcourue les lettres qui ne supportent pas cette taxe. Soit le cas très-fréquent où la commune dans laquelle est distribuée la lettre, se trouve plus rapprochée du point de départ, que le bureau de poste où elle est déposée par le courrier. Et ici, il y a double injustice; car la commune que traverse le courrier en se rendant au bureau, ne reçoit souvent par le facteur rural ses lettres que le lendemain du jour où elle eût pu les recevoir si le courrier les avait déposées à son passage, et cette commune paie un décime de plus, tandis que la ville plus éloignée où le courrier s'est arrêté, a reçu ses lettres un jour auparavant, et n'a pas payé de supplément de taxe.

Elle est relativement improductive : 1° parce que les particuliers habitant la campagne, qui ont des relations suivies avec les villes (et ce sont ceux qui reçoivent le plus de lettres), entretenant un service particulier pour le transport de leurs provisions, se font adresser leurs lettres *poste restante*, et ne paient pas le supplément de droit.

2° Parceque parmi les communes soumises au décime rural, les plus importantes, telles que les chefs-lieux de canton, qui donnent la plus grande part des produits ruraux, deviennent successivement bureaux de poste elles-mêmes, et ne paient plus le droit supplémentaire ; et l'administration se trouve ainsi placée entre le désir de conserver des produits, et le devoir de faciliter la marche générale des correspondances par la création de nouveaux bureaux. Il faut cependant lui rendre ici cette justice, qu'elle a cédé jusqu'à présent plutôt à ce dernier sentiment qu'au premier.

3° Parce qu'enfin la rentrée de cette espèce de produit ne peut se contrôler que très difficilement : en effet, les facteurs ruraux sont abandonnés à eux-mêmes pour la perception de la taxe qu'ils frappent et qu'ils réalisent dans le cours de leurs tournées. Ils sont placés, pour la perception de leurs autres recettes, sous les ordres d'un directeur qui, de son côté, n'est appelé à verser que le montant des sommes résultant de ses propres déclarations. Les éléments de contrôle employés ailleurs qui résultent de la mise en charge d'un agent par un agent correspondant, au moyen d'une feuille d'avis officielle envoyée plus tard à l'administration, manquent ici. Les moyens de comparaison puisés dans les recettes de même nature obtenues dans les autres bureaux, seraient d'ailleurs très peu satisfaisants, parce que deux bureaux semblables par le commerce de leur ville et par leur population, peuvent être très-différents sous le rapport des produits ruraux. Une seule fabrique importante dans les environs d'une ville, par exemple, doit faire quadrupler les produits du décime rural : qui peut dire alors, si le directeur a effectivement fait une recette plus ou moins élevée? Et le mal d'un semblable ordre de choses est que les premières erreurs coupables ou involontaires des préposés, passent forcément inaperçues; que les préposés s'habituent à ces petits détournements des décimes ruraux, à ces grapillages; que les produits baissent; ce qui est plus grave encore, que les agents se démoralisent et s'encouragent à commettre des détournements plus grands. Peut-être ne serions-nous pas taxé d'exagération, si nous disions qu'un tiers des produits du décime rural est absorbé de cette manière, et se trouve perdu pour l'État.

4° La taxe du service rural perçue d'après une règle injuste, puisqu'elle n'est en proportion, ni avec les frais du service rendu, ni avec le poids des lettres, ni avec la distance parcourue, est improductive encore en ceci, qu'elle gêne la circulation des lettres, et nuit à l'accroissement des produits généraux; et ceci est prouvé par l'expérience du service qui compte déjà sept années d'existence. Le produit net du décime rural, qui était en 1831 de 1,400,000, n'avait atteint en 1836 que le chiffre de 1,900,000, quoique la dépense se fût chaque année considérablement accrue (1), et que le nombre des facteurs ruraux, qui était de 4,500 dans l'origine, se fût élevé à plus de 8,000 (2). Il est vrai que la recette nette du produit ordinaire de la taxe des lettres s'est élevée de 29 millions à 33,700,000 de 1830 à 1836, et que le service de la distribution des lettres dans les communes,

(1) En 1830 on avait porté au budget une somme d'environ 1,800,000 fr. pour 4,500 facteurs, et la dépense demandée au budget de 1836 est 3,400,000 fr. pour 7,900 facteurs.

(2) Au budget de 1839, 8,100 facteurs ruraux; montant du salaire proposé, 3,500,000 fr.

peut se glorifier justement d'avoir été en partie la source de ces produits, par les facilités qu'il a données aux particuliers habitant des campagnes, d'écrire commodément à tous les points du royaume et de l'étranger; aussi, c'est de cette augmentation même dans la masse générale des recettes que nous tirons l'induction fondée, que les nouvelles facilités données par la suppression du décime rural, contribueraient plus puissamment encore à l'accroissement des produits généraux.

C'est donc avec raison que nous avons dit que la taxe du service rural était injuste et relativement improductive (1). Le devoir de l'administration des Postes est de transporter et de faire distribuer dans des conditions égales, selon leur poids et la distance parcourue, toutes les lettres à leur destination. Si les moyens lui ont manqué pendant longtemps pour compléter ce service à l'égard des habitants des campagnes, il y avait lacune, le service des postes était incomplet. Aujourd'hui que la loi du 3 juin 1829 a amené cette heureuse amélioration, il n'est pas juste de séparer en deux catégories les destinataires des lettres et de placer ceux des campagnes dans des conditions doublement défavorables. Le service rural doit être considéré comme la continuation du service ordinaire; son nom de rural doit disparaître, c'est un service de distribution au même titre et dans les mêmes conditions que celui qui se fait dans les villes, et les lettres ainsi transportées doivent être soumises à

(1) L'expression du vœu du conseil-général d'un des départements du centre de la France, à ce sujet, nous a paru si simple et si vraie, que nous n'avons pu nous défendre de le mentionner ici. Voir pièces à l'appui, Note n° 3.

la taxe ordinaire réglée d'après leur poids et la distance parcourue de bureau de poste à bureau de poste.

Nous croyons en avoir déjà dit assez à l'examen du prix du service rendu, pour prouver qu'un abaissement dans le tarif, fût-il même de 50 p. 0/0, s'il diminuait momentanément les produits des postes, n'exposerait cependant pas le gouvernement à la nécessité de transporter à titre onéreux les correspondances administratives et particulières. Mais si les recettes résultant de la taxe des lettres en circulation, devaient diminuer, d'autre part, une source toujours abondante de produits nouveaux serait ouverte par l'abaissement même qu'on aurait opéré sur le tarif; nous voulons parler de l'augmentation du nombre des lettres qui accompagne toujours l'abaissement de la taxe.

Essayons de supputer quelles seraient cette diminution et cette augmentation, si l'on abaissait le tarif de 50 p. 0/0.

La recette nette en port de lettres a été en 1836 de . . . . 35,665,732 fr.

Otons la recette du décime rural dont nous proposons la suppression.	1,932,476
Reste.	33,733,256
Un abaissement supposé de 50 p. 0/0 sur toutes les taxes de lettres, réduirait encore cette recette à	16,866,628

Mais cette réduction serait atténuée :

1° Du produit nouveau résultant des 45,504,000 lettres qu'un abaissement du tarif doit enlever à la fraude, et faire rentrer dans le service des postes (1). Ces 45,504,000 lettres taxées d'après le tarif réduit de 50 p. 0/0, c'est-à-dire, en moyenne, à 25 cent. au lieu de 50 cent., donneraient une augmentation de recette de 11,376,000 fr.

2° De l'augmentation de 547,500 fr., montant du droit de 5 p. 0/0, sur les quittances transportées (2).

3° De l'augmentation probable du nombre de lettres résultant du nouveau transport des petites sommes d'argent, par les facteurs ruraux (3), pour mémoire.

4° Enfin de l'augmentation dans le nombre général des lettres circulant par la poste, augmentation qui doit résulter de la réduction même de 50 p. 0/0 sur la taxe. Cette augmentation doit être considérable si l'on considère que la taxe rurale supplémentaire serait entièrement supprimée et le prix du transport des lettres réduit au prix du service rendu. Mais n'estimons cette augmentation de recette qu'au cinquième de la recette totale opérée aujourd'hui, et nous aurons en produits nouveaux le cinquième de 35,600,000 fr. ou 7,100,000 fr.

En résumé la recette totale ou 35,666,000 fr., réduite par l'abaissement de la taxe à 16,866,000.
donne une perte annuelle de 18,800,000

Les produits nouveaux seraient :

(1) Voir page 14.

(2) Voir page 15.

(3) Voir page 16.

1° Diminution de la fraude.	11,376,000 fr.	
2° Droit de 5 p. 0/0 sur les quittances transportées.	547,500	
3° L'accroissement du nombre de lettres résultant de l'envoi des quittances, pour mémoire.		
4° Augmentation générale dans les recettes résultant de la diminution du tarif.	7,100,000	
Total.	19,023,000	ci 19,023,000 fr.
La perte annuelle était		18,800,000
L'augmentation probable des recettes, dès la première année, serait donc		223,000 fr.

Si nos chiffres ne paraissaient pas trop arbitrairement réglés, et qu'on pût être persuadé que les recettes des postes ne diminueraient pas dans la première année, par suite des abaissements proposés dans le tarif, à plus forte raison croirait-on que dans les années suivantes, les produits iraient toujours en augmentant, car l'accroissement successif du nombre des lettres, comme conséquence de l'abaissement du tarif, est un principe qui ne sera nié par personne (1).

(1) La taxe des lettres n'ayant pas été réduite en France depuis longues années,

Cependant après un plus mûr examen, il serait facile d'apercevoir que cette réduction générale de cinquante pour cent sur les taxes de toutes distances et de tous poids, ne serait pas le plus avantageux de tous les modes de réduction qu'on pourrait opérer sur le tarif des postes. Ce n'est pas également, en effet, que les taxes devraient être réduites : il est des correspondances dont le prix de transport doit être allégé de beaucoup dans l'intérêt de la diminution de la fraude et de l'augmentation du nombre des lettres ; et d'autres taxes, au contraire, qui, si la forme actuelle d'application du tarif était conservée, pourraient être maintenues à leur taux sans qu'il en résultât une gêne aussi sensible pour les particuliers.

C'est ce que nous nous proposons de développer maintenant; et de l'examen des taxes actuelles, nous ferons ressortir la nécessité d'un tarif plus simple dans ses combinaisons, plus modéré et plus facile dans son application.

nous ne pouvons pas donner, par des chiffres, la preuve de ce fait ; mais nous trouverons cette preuve dans la comparaison des recettes en port de lettres faites en Angleterre en 1710 et 1754. (Voir aux pièces à l'appui, Note n° 4.)

CHAPITRE III.

Examen du tarif actuel. — Proposition d'un nouveau tarif basé sur le poids des lettres, et sur la distance qu'elles doivent parcourir.

La taxe des lettres procède actuellement selon deux conditions : d'abord, d'après la distance que la lettre doit parcourir en ligne droite dans le royaume; et ensuite, d'après son poids (1).

L'échelle des distances varie de 40 kilomètres à 80, de 80 k. à 150, de 150 k. à 220, de 220 k. à 300, de 300 k. à 400, de 400 k. à 500 et ainsi de suite, et la taxe d'un décime à l'origine, s'accroît à chaque échelon d'un décime additionnel.

L'échelle du poids procède ainsi : la lettre est simple jusqu'à 7 grammes 1/2, et elle paie le prix que nous venons d'indiquer ; au-dessus de 7 gr. 1/2 jusqu'à 10 gr., elle doit un demi-port simple de plus; de 10 gr. à 15 gr., elle doit deux fois le port; de 15 gr. à 20 gr., deux fois et demi le port; de 20 gr. à 25 gr., trois fois le port, et ainsi de suite, en augmentant d'un demi-port par chaque 5 grammes en sus.

Il suit de cette échelle si serrée des degrés de distance et de pesanteur, que les diverses taxes à apposer sur les lettres sont infinies dans leurs combinaisons ; qu'il faut en composer une spéciale à chaque lettre qui passe

(1) Loi du 15 mars 1827.

dans le service; qu'enfin cette opération de la taxe est longue, difficile et sujette à erreur.

Mais comme les degrés, tant de distance que de poids, sont plus serrés dans les premiers échelons de taxe que dans les derniers, ce sont les lettres parcourant les petites distances et pesant un peu plus de 7 gr. 1/2, qui se trouvent dans les conditions les plus défavorables, et malheureusement aussi ce sont celles dont la fraude s'empare le plus facilement. En effet, il semble que ce soient justement les correspondances qui pouvaient échapper le plus aisément, et qui par cela même auraient dû être le mieux traitées, que le législateur ait frappées avec le plus de rigueur, et la raison qui a présidé à cette disposition est facile à comprendre : les lettres qui parcourent de courtes distances sont les plus nombreuses et une très-légère augmentation de taxe pour chacune d'elles se trouvait ainsi faire augmenter sensiblement les produits généraux. Mais on n'a pas pensé au nombre considérable de nouvelles lettres de cette nature qu'on aurait pu, au contraire, ramener dans le service par un allègement dans les taxes du premier degré.

Les lettres vraiment pesantes sont dans une proportion très-minime(1). C'est la condition des lettres simples qu'il faut d'abord améliorer; ce sont elles qu'il faut faire rentrer dans le service par tous les moyens possibles, soit par une extension de la distance qu'elles peuvent parcourir, soit par une augmentation dans le poids accordé.

(1) Voir page 64.

Les lettres simples, ainsi que nous le comprenons, en effet, ne devraient pas être seulement celles qui se composent d'une simple feuille de papier ou pesant moins de 7 gr. 1/2 ; ce devraient être les lettres écrites par une seule personne à une autre seule personne, et d'un poids fixé de manière à ce qu'on pût joindre à ces lettres un ou deux effets de commerce, un acte de famille ou toute autre pièce; car c'est souvent pour cette seule pièce insérée, que la lettre est écrite; et lorsque cette addition doit entraîner un supplément de port, la lettre échappe à la poste, et la pièce est envoyée par une autre voie.

La réduction à opérer sur le tarif ne semble donc pas devoir être faite exactement d'après l'échelle des taxes actuellement existantes, mais plutôt sur les bases suivantes :

1° Éloigner les limites de distances et de poids, passé lesquelles une lettre cesse d'être considérée comme simple ; 2° supprimer une grande quantité de degrés de l'échelle des taxes tant du poids que des distances, afin de rendre l'opération de la taxe plus simple pour les employés, et le prix de transport moins élevé pour les particuliers.

C'est ce que nous avons cherché à rendre sensible par la rédaction des tableaux qui suivent :

Le tableau n° 1 présente la progression des taxes d'après la loi actuellement en vigueur (1), car nous avons cru devoir partir de ce qui existe pour avoir un terme de comparaison ;

(1) Loi du 15 mars 1827.

Le tableau n° 2 donne un tarif très-simplifié, mais encore basé sur le poids et sur la distance parcourue, tarif que nous proposerions de substituer à l'ancien;

Le tableau n° 3 offre une comparaison de la taxe des lettres d'après le système actuel et d'après le système proposé;

Le tableau n° 4 présente la même comparaison appliquée à la taxe d'une lettre de Paris pour diverses villes importantes de la France.

L'examen successif que nous ferons de ces tableaux nous fournira l'occasion de développer et de motiver notre nouvelle échelle de taxation.

TABLEAU N° I.

Progression des taxes, d'après la loi actuellement en vigueur (15 mars 1827).

PROGRESSION en raison des distances.	au-dessous de 7 gr. 1/2 port simple.	de 7 gr. 1/2 à 10 exclusiv. 1 port 1/2.	de 10 gram. à 15 exclusiv 2 fois le port.	de 15 gram. à 20 exclusiv. 2 fois 1/2 le port.	de 20 gram. à 25 exclusiv. 3 fois le port.	de 25 gram. à 30 exclusiv. 3 fois 1/2 le port.	OBSERVATIONS.
Jusqu'à 40 kilomètres.	2	3	4	5	6	7	Au-delà de 30 grammes jusqu'à 1000, la progression continue d'être d'un demi-port en sus pour chaque poids de 5 grammes.
de 40 à 80 kilom.	3	5	6	8	9	11	
de 80 à 150 —	4	6	8	10		14	
de 150 à 220 —	5	8	10	13	15	18	
de 220 à 300 —	6	9	12	15	18	21	
de 300 à 400 —	7	11	14	18	21	25	
de 400 à 500 —	8	12	16	20	24	28	
de 500 à 600 —	9	14	18	23	27	32	
de 600 à 750 —	10	15	20	25	30	35	
de 750 à 900 —	11	17	22	28	33	39	
au-delà de 900 —	12	18	24	30	36	42	

TABLEAU N° II.

Progression de la taxe des lettres d'après le tarif proposé.

PROGRESSION en raison des distances.	au-dessous de 15 gram. port simple.	de 15 gram. à 30 exclusiv. 2 fois le port.	de 30 gram. à 50 exclus. 3 fois le port.	de 50 gram. à 100 exclus. 4 fois le port.	de 100 gram à 250 exclus. 5 fois le port.	de 250 gram. à 500 exclus. 6 fois le port.	OBSERVATIONS.
Jusqu'à 75 kilomètres.	2	4	6	8	10	12	L'abaissement du tarif nous a fait limiter à 500 grammes le poids des lettres admises à circuler par la poste.
de 75 à 150 —	3	6	9	12	15	18	
de 150 à 300 —	4	8	12	16	20	24	
de 300 à 450 —	5	10	15	20	25	30	
de 450 à 600 —	6	12	18	24	30	36	
au-delà de 600 —	7	14	21	28	35	42	

TABLEAU N° III.

Tableau comparatif de la taxe des lettres d'après la loi actuellement en vigueur et d'après le tarif proposé.

PROGRESSION de la taxe en raison des distances.	Au-dessous de 7 g. 1/2.		De 7 gr. 1/2 à 10 gr.		De 10 à 15 gr.		De 15 à 30 gr.	
	Tarif actuel	Tarif proposé.	Tarif actuel.	Tarif proposé.	Tarif actuel.	Tarif proposé.	Tarif actuel.	Tarif proposé.
	port simple.	port simple.	port et demi.	port simple.	2 fois le port.	port simple.	de 2 ports 1/2 à 3 ports 1/2.	2 fois le port.
	déc.	déc.	déc.	déc.	déc.	déc.	déc.	déc.
Jusqu'à 40 kilom. incl.	2	2	3	2	4	2	de 5 à 7	4
De 40 à 75 id.	3	2	5	2	6	2	de 8 à 11	4
De 75 à 80 id.	3	3	5	3	6	3	de 8 à 11	6
De 80 à 150 id.	4	3	6	3	8	3	de 10 à 14	6
De 150 à 220 id.	5	4	8	4	10	4	de 13 à 18	8
De 220 à 300 id.	6	4	9	4	12	4	de 15 à 21	8
De 300 à 400 id.	7	5	11	5	14	5	de 18 à 25	10
De 400 à 450 id.	8	5	12	5	16	5	de 20 à 28	10
De 450 à 500 id.	8	6	12	6	16	6	de 20 à 28	12
De 500 à 600 id.	9	6	14	6	18	6	de 23 à 32	12
De 600 à 750 id.	10	7	15	7	20	7	de 25 à 35	14
De 750 à 900 id.	11	7	17	7	22	7	de 28 à 39	14
Au-delà de 900.	12	7	18	7	24	7	de 30 à 42	14

PROGRESSION de la taxe en raison des distances.	De 30 à 50 gr.		De 50 à 100 gr.		De 100 à 250 gr.		De 250 à 500 gr.		OBSERVATIONS
	Tarif actuel.	Tarif proposé.	Tarif actuel.	Tarif proposé.	Tarif actuel.	Tarif proposé.	Tarif actuel.	Tarif proposé.	
	de 4 ports à 5 ports 1/2.	3 fois le port.	de 6 ports à 10 ports 1/2.	4 fois le port.	de 11 ports à 25 ports 1/2.	5 fois le port.	de 26 ports à 50 ports 1/2.	6 fois le port.	
	déc.	déc.	déc.	déc.	déc.	déc.	déc.	déc.	
Jusqu'à 40 kilom. incl.	de 8 à 11	6	de 12 à 21	8	de 22 à 51	10	de 52 à 101	12	Notre tarif nouveau s'arrête à 500 grammes. Le tarif ancien reçoit des lettres jusqu'au poids de 1,000 gramm. L'ancien tarif a 200 degrés de pesanteur ; le nôtre 6 seulement.
De 40 à 75 id.	de 12 à 17	6	de 18 à 32	8	de 33 à 77	10	de 78 à 152	12	
De 75 à 80 id.	de 12 à 17	9	de 18 à 32	12	de 33 à 77	15	de 78 à 152	18	
De 80 à 150 id.	de 16 à 22	9	de 24 à 42	12	de 44 à 102	15	de 104 à 202	18	
De 150 à 220 id.	de 20 à 28	12	de 30 à 53	16	de 55 à 128	20	de 130 à 253	24	
De 220 à 300 id.	de 24 à 33	12	de 36 à 63	16	de 66 à 153	20	de 156 à 303	24	
De 300 à 400 id.	de 28 à 39	15	de 42 à 74	20	de 77 à 179	25	de 182 à 354	30	
De 400 à 450 id.	de 32 à 44	15	de 48 à 84	20	de 88 à 204	25	de 208 à 404	30	
De 450 à 500 id.	de 32 à 44	18	de 48 à 84	24	de 88 à 204	30	de 208 à 404	36	
De 500 à 600 id.	de 36 à 50	18	de 54 à 95	24	de 99 à 230	30	de 234 à 455	36	
De 600 à 750 id.	de 40 à 55	21	de 60 à 105	28	de 110 à 255	35	de 260 à 505	42	
De 750 à 900 id.	de 44 à 61	21	de 66 à 116	28	de 121 à 281	35	de 286 à 556	42	
Au-delà de 900.	de 48 à 66	21	de 72 à 126	28	de 132 à 306	35	de 312 à 606	42	

TABLEAU N° IV.

Tableau comparatif de la taxe d'une lettre de Paris pour quelques principales villes de France, d'après le mode actuellement suivi et d'après le tarif proposé (1).

NOMS des VILLES.	Au-dessous de 7 gr. 1/2.		De 7 gr. 1/2 à 10 gr.		De 10 à 15 gr.		De 15 à 20 gr.		De 20 à 25 gr.	
	Taxe actuelle.	Taxe proposée.	Taxe actuelle.	Taxe proposée.	Taxe actuelle.	Taxe proposée.	Taxe actuelle.	Taxe proposée.	Taxe actuelle.	Taxe proposée.
	d.	d.	d.	d.	d.	d.	d.	d.	d.	d.
Amiens.	4	3	6	3	8	3	10	6	12	6
Angers.	6	4	9	4	12	4	15	8	18	8
Arras.	5	4	8	4	10	4	13	8	15	8
Avignon.	9	6	14	6	18	6	23	12	27	12
Besançon.	7	5	11	5	14	5	18	10	21	10
Bordeaux.	8	6	12	6	16	6	20	12	24	12
Brest.	9	6	14	6	18	6	23	12	27	12
Caen.	5	4	8	4	10	4	13	8	15	8
Clermont-Ferrand.	7	5	11	5	14	5	18	10	21	10
Dijon.	6	4	9	4	12	4	15	8	18	8
Grenoble.	8	6	12	6	16	6	20	12	24	12
Havre (le).	5	4	8	4	10	4	13	8	15	8
Lille.	5	4	8	4	10	4	13	8	15	8
Limoges.	7	5	11	5	14	5	18	10	21	10
Marseille.	10	7	15	7	20	7	25	14	30	14
Metz.	6	4	9	4	12	4	15	8	18	8
Montpellier.	9	6	14	6	18	6	23	12	27	12
Moulins.	6	4	9	4	12	4	15	8	18	8
Nancy.	6	4	9	4	12	4	15	8	18	8
Nantes.	7	5	11	5	14	5	18	10	21	10
Nîmes.	9	6	14	6	18	6	23	12	27	12
Orléans.	4	3	6	3	8	3	10	6	12	6
Pau.	10	7	15	7	20	7	25	14	30	14
Perpignan.	10	7	15	7	20	7	25	14	30	14
Poitiers.	6	4	9	4	12	4	15	8	18	8
Rennes.	7	5	11	5	14	5	18	10	21	10
Rochelle (la).	7	5	11	5	14	5	18	10	21	10
Rouen.	4	3	6	3	8	3	10	6	12	6
Strasbourg.	7	5	11	5	14	5	18	10	21	10
Toulouse.	9	6	14	6	18	6	23	12	27	12
Versailles.	2	2	3	2	4	2	5	4	6	4

(1) Nous n'avons pas étendu ce tableau de comparaison au-delà de 25 grammes pour ne pas multiplier les colonnes, et aussi parce que le nombre des lettres dont le poids dépasse 25 grammes n'est que l'exception, et ne forme pas plus que $\frac{17}{1846}$ des lettres qui circulent en France. (Voir page 64.)

On voit par les tableaux nos 2 et 3 que le nouveau tarif que nous présentons procède comme le tarif actuellement en usage, selon ces deux conditions, 1° de la distance à parcourir en ligne droite du point de départ au point d'arrivée de la lettre; 2° du poids de l'objet transporté.

Nous traiterons successivement de la taxe du parcours et de la taxe du poids.

La taxe du parcours est la partie de taxe qui semble en apparence le plus justement établie; c'est le prix d'un service qui se prolonge et, par conséquent, qui coûte d'autant plus à l'État, que la lettre doit être transportée à un point plus éloigné. Cette taxe sera donc encore proportionnelle; seulement au lieu de la faire augmenter d'un décime de 40 à 80 kilomètres, de 80 à 150, de 150 à 220, de 220 à 300, de 300 à 400, à 500, à 600, à 750 et à 900, nous accordons tout d'abord 75 kilom. pour la première distance, et nous procédons ensuite de 75 à 150, de 150 à 300, de 300 à 450 et de 450 à 600. Nous réduisons donc ainsi l'échelle des distances, c'est-à-dire, que nous réunissons sous la même taxe plusieurs étendues de parcours qui aujourd'hui sont l'objet de taxes différentes, en donnant à chacune de ces catégories toute entière la moins élevée des différentes taxes auxquelles les différentes distances étaient soumises. Enfin, nous abaissons le tarif dans les courtes distances. La meilleure manière de faire rentrer dans le service les lettres transportées par d'autres moyens, et aussi d'augmenter le nombre des lettres en circulation dans ces courtes distances, où l'on a tant d'occasions de communiquer autrement que par la poste, c'est de baisser la taxe.

C'est ce qui nous a fait proposer d'étendre de 40 à 75 kilom. parcourus le premier rayon de taxe qui entraîne pour une lettre simple un port de 2 décimes seulement : aujourd'hui toute lettre simple parcourant moins de 40 kilom. est taxée 2 décimes, et de 40 à 80 kilom. 3 décimes; c'est le second degré de l'échelle de taxation actuellement en usage que nous réunissons au premier et que nous taxons de la taxe du premier.

Le troisième rayon actuel de 80 à 150 est encore trop rapproché du point de départ, pour que les considérations que nous émettions tout à l'heure sur les avantages de réduire les taxes de courtes distances, ne soient pas applicables aux distances qu'il enferme, et nous proposons d'appliquer la taxe de 3 décimes seulement, au lieu de 4, aux lettres simples parcourant au-delà de 75 jusqu'à 150 kilom.

C'est ainsi que notre troisième rayon s'étend de 150 à 300 kilom., et sera taxé 4 décimes; le quatrième, de 300 à 450 kilom., sera taxé 5 décimes; et enfin le cinquième, de 450 à 600 kilom., sera taxé 6 décimes; le sixième rayon de parcours est dans notre projet le dernier. Toute lettre simple parcourant plus de 600 kilom. serait taxée 7 décimes.

Nous avons arrêté notre échelle de taxe de distance à 600 kilom., et nous avons proposé de taxer de 7 décimes toute lettre envoyée à un point plus éloigné que 600 kilom. du point de départ, quelle que fût la distance, par les raisons suivantes:

1° Parce que 7 décimes nous paraissent le prix de port le plus élevé que puisse supporter une lettre simple, si l'on admet une taxe proportionnelle à la distance parcourue, et cela dans l'intérêt bien entendu des recettes; 2° parce que le point de France le plus éloigné n'est pas à 700 kil. de distance de Paris; soit Arles et Céret (Pyrénées-Orientales), et que pour les pays étrangers, ces conditions de taxe sont différentes; 3° parce que les lettres du midi pour l'extrême nord de la France, soit par exemple les lettres de Perpignan pour Lille, qui parcourent un espace de 882 kilom., sont rares, attendu que Paris est un grand centre qui fait presque tout le commerce de transit, et dont la bourse, modifiant presque toujours les avis envoyés de l'extrême nord à l'extrême midi de la France, est en possession de transmettre presque tous les avis du commerce; 4° parce que si l'on objectait, enfin, que ce défaut d'accroissement de taxation pour des distances de plus de 600 kilom. pourrait être nuisible aux produits revenant à la France pour droit de transit des correspondances étrangères à travers son territoire, soit, par exemple les correspondances venant du levant ou de l'Inde par Marseille pour l'Angleterre, dans la distance de Marseille à Calais, nous répondrions que les droits de transit des lettres sont établis, diminués, augmentés ou modifiés par des traités rédigés par les soins de l'administration des postes, et que c'est à elle à tenir compte, dans certaines circonstances, de la distance réellement parcourue si elle le juge convenable. D'ailleurs ces droits de transit sur les correspondances étrangères sont toujours réduits dans des proportions considérables à titre d'abonnement, et ne doivent pas priver le gouvernement de la possibilité d'accorder, lorsqu'il y a lieu, des réductions de taxe aux régnicoles.

Arrivant à la partie de la taxe des lettres qui s'établit d'après la pesanteur des objets transportés, on observera que, d'après le tarif actuel, les lettres dont le poids ne dépasse pas 7 gr. 1/2 paient le port simple établi d'après la distance parcourue; de 7 gr. 1/2 à 10 gr., un port et demi; de 10 à 15 gr. deux fois le port, et ainsi de suite en augmentant d'un demi-port par chaque 5 gr. de pesanteur.

Mais pourquoi cette élévation de taxe de 7 gr. 1/2 à 10 gr., de 10 gr. à 15 gr., et ensuite de 5 gr. en 5 gr.? est-ce pour éviter que des lettres adressées à des destinataires différents, ne soient envoyées sous une seule enveloppe et au prix d'une seule et même taxe? Cette crainte serait légitime, mais nous ne la croyons pas fondée. En effet le cas de deux lettres envoyées sous un même pli pour éviter un port ne se présente que très-rarement. Les lettres qui dépassent le poids de 7 g. 1/2 sans atteindre celui de 15 gr. sont ordinairement celles qui ont été écrites sur un papier épais, ou formées d'un pesant cachet en cire, ou enfin qui contiennent un billet à ordre, un effet de commerce, une quittance ou un prix courant. Mais ce supplément de taxe que l'insertion d'une pièce dans la lettre entraîne avec elle, doit-il être considéré comme une disposition juste en elle-même et avantageuse aux recettes en général? Nous ne le croyons pas. Dans le cas dont il est question cette taxe est une surprise ou une gêne dont le public est victime; qu'arrive-t-il de tout cela? que souvent le particulier s'abstiendra d'envoyer sa pièce, et ce sera une lettre de moins dans le service, ou qu'il attendra qu'il puisse en envoyer plusieurs à la fois et les expédiera par la diligence, ou qu'il écrira enfin sans envoyer la pièce incluse, toutes choses gênantes pour lui, et par cela même nuisibles aux produits.

Nous croyons que c'est un mauvais calcul de la part de l'administration de spéculer sur la nécessité où sont entraînés les particuliers de joindre quelques pièces à leurs lettres, ou sur l'oubli de ceux qui omettent de se servir d'un papier mince. Laissons à tous la possibilité d'employer toute espèce de papier, de fermer leurs lettres de larges cachets de cire, si telle est leur fantaisie; ne privons pas les négociants de l'avantage de joindre à leurs lettres telles factures simples, tel billet de petite dimension que le besoin exigera; et ils rendront à l'État, par l'augmentation du nombre de leurs correspondances, le centuple de ce que l'État fera pour eux dans cette circonstance. Croyons que de cette facilité donnée aux relations épistolaires naîtront beaucoup de lettres nouvelles et des recettes plus abondantes.

Le poids de la lettre simple pourrait donc être élevé de 7 grammes 1/2 à 15 grammes. Notre premier rayon de poids comprendrait ainsi les trois premiers degrés de poids de l'échelle actuellement en usage, savoir: de 0 à 7 gr. 1/2, de 7 gr. 1/2 à 10 gr., enfin, de 10 gr. à 15 gr.

Le tarif actuel établit ensuite une taxe d'un demi-port en sus du port ordinaire de la lettre simple par chaque

5 gr. de pesanteur au-dessus de 15 gr. Cette progression de la taxe des lettres de 5 gr. en 5 gr. avait pour but, comme nous venons de le dire, d'empêcher que des particuliers ne se réunissent pour envoyer plusieurs lettres à la fois sous la même enveloppe, afin de sauver une partie du port; mais, comme le poids d'une lettre simple, écrite sur papier mince, est à peu près de 5 gr., et que la taxe ne va s'augmentant par chaque 5 gr. que d'un demi-port, on supposait à tort que cette espèce de fraude serait prévenue par l'application de cette échelle de taxation. En effet, il y a encore aujourd'hui un bénéfice de taxe d'un demi-port par lettre à en réunir plusieurs sous une même enveloppe. Soit vingt lettres simples de Toulon pour Paris et taxées chacune 10 déc. ou 1 fr. à raison de la distance parcourue (750 kilom.) Ces lettres envoyées séparément supporteraient une taxe de 20 fr., au lieu de 10 fr. 50 c., ou dix fois et demie le port simple à raison du poids de 100 gr., auquel elles seraient livrées si ces vingt lettres étaient réunies et envoyées sous la même enveloppe.

Mais quoique le tarif actuel soit impuissant à prévenir des calculs de cette espèce, il ne s'ensuit pas que cette spéculation se fasse, tout avantageuse qu'elle paraisse au premier abord; et elle n'a pas lieu pour beaucoup de raisons. En effet, indépendamment du peu de confiance qu'ont en général les uns dans les autres les négociants faisant le même genre d'affaires (car il n'y aurait que des négociants écrivant beaucoup et à des époques fixes qui pussent se livrer au genre d'industrie dont nous venons de parler), défaut de confiance qui ne leur permettrait pas de livrer leurs lettres aux soins d'une seule personne au point de départ comme au point d'arrivée, il y aurait à déduire de l'économie obtenue par cette fraude la taxe de la ville pour la ville dont seraient frappées les lettres pour leur distribution, lorsque le négociant auquel elles seraient adressées enverrait par cette voie chacune d'elles aux destinataires de sa ville; il y aurait surtout encore à tenir compte du retard d'une distribution qu'éprouveraient les lettres ainsi dirigées, retard qui dans les grandes villes serait au moins de quatre heures, et d'un jour dans les petites villes; et chacun sait quel inconvénient il y aurait pour un négociant à ne voir ses lettres parvenir à leur destination que vingt-quatre heures ou même quatre heures après le moment de la distribution générale.

Nous sommes donc autorisés à conclure de ces observations : d'abord, que l'accroissement d'une taxe d'un demi-port de la lettre simple par chaque 5 gr. de pesanteur n'est pas un droit protecteur suffisant contre l'abus qu'on a voulu éviter; et ensuite, que si la réunion de plusieurs lettres n'a pas été, ou n'a été que très-peu pratiquée avec les conditions du tarif actuel, elle n'aurait pas lieu davantage si l'on accordait une tolérance plus grande pour le poids des lettres confiées au service des postes.

Quels avantages le trésor public ne peut-il pas retirer, d'autre part, de la facilité qu'il donnera aux particuliers de faire transporter à un prix modéré, des lettres ou des papiers importants que leur poids éloigne du service des postes, et que l'on confie aujourd'hui, à regret, à des diligences et à des messagers qui n'offrent pas les mêmes garanties d'exactitude et de célérité?

Revenant à la fixation de notre tarif, nous dirons donc que toute lettre pesant moins de 15 gr. nous semble devoir être considérée comme lettre simple; puis, dans le tableau n° 2, nous avons procédé de la manière suivante : de 15 gr. à 30 gr., nous proposons de fixer la taxe à deux fois le port de la lettre simple; de 30 gr. à 50 gr., à trois fois le port; de 50 à 100 gr., à quatre fois le port; de 100 gr. à 250 gr., à cinq fois le port, enfin de 250 à 500 gr. à six fois le port de la lettre simple.

L'échelle de pesanteur des lettres est ainsi réduite à six degrés au lieu de deux cents qu'elle comporte aujourd'hui (1), et ne se trouve pas plus compliquée que l'échelle des distances que nous avons fixée également à six degrés. Les premiers degrés de pesanteur sont un peu plus serrés que les derniers, pour éviter les abus qu'on pourrait faire de l'envoi de pièces ou de paquets à un prix trop modéré; de 15 gr. à 30 gr. et de 30 à 50, les objets transportés sont encore des lettres, et les lettres doivent relativement supporter un port plus élevé que les paquets. Ceux-ci sont placés dans nos trois dernières catégories de 50 à 100 gr., de 100 à 250 et de 250 à 500 gr. Au moyen de la diminution opérée dans le tarif des lettres de ces dernières classes, nous ferons rentrer dans le service des postes le transport de certaines pièces de procé-

(1) De 7 gr. $\frac{1}{2}$ à 1000 gr., en procédant de 5 grammes en 5 grammes, il y a 200 degrés.

dure, de papiers précieux et assez volumineux que l'élévation du tarif actuel ne permet pas aujourd'hui au public de confier à la poste. En effet, à 500 gr., la taxe actuelle d'une lettre envoyée à 600 kilom. de distance s'élève à 460 fr. (1). Au-delà de 900 kilom., si elle pèse 999 gr. son port est de 1,216 fr. Qui pourrait consentir à payer un pareil port pour l'envoi de papiers, quelque précieux qu'ils fussent?

Nous nous sommes arrêtés à 500 grammes dans l'échelle de notre tarif, parce qu'il nous semble que tout paquet au-dessus de ce poids ne doit plus être considéré comme lettre, et par conséquent de doit pas être admis dans les dépêches.

Or si l'on veut savoir à présent de combien baisserait la recette par l'adoption de notre projet de réduction de la taxe, dans le cas où le nombre des lettres en circulation n'augmenterait pas, qu'on veuille bien nous suivre dans le calcul ci-après :

Le nombre des lettres pesantes forme à peine le dixième du nombre total des lettres en circulation dans les postes. Pour bien juger de cette proportion, nous avons consulté les listes nominatives sur lesquelles sont inscrites toutes les lettres affranchies, et nous avons trouvé qu'au bureau de la bourse, à Paris, on avait présenté à l'affranchissement dix-huit cent quarante-six lettres pendant la première quinzaine de juin 1838. Sur ces dix-huit cent quarante-six lettres affranchies,

(1) Dans notre projet de tarif, ce prix de 460 fr., est abaissé à 4 fr. 20 c. qui est le maximum du prix que nous proposions de percevoir pour le transport d'une lettre.

seize cent cinquante-sept étaient simples, et cent quatre-vingt-huit étaient pesantes, c'est-à-dire pesaient plus de 7 gr. 1/2.

Maintenant voici la division de ces cent quatre-vingt-huit lettres pesantes :

81	étaient du poids de	7 gr. 1/2	à	10 gr.
58	de	10	à	15
18	de	15	à	20
14	de	20	à	25
5	de	25	à	30

Enfin douze seulement pesaient plus de 30 grammes, mais moins de 60 grammes.

Il y a plusieurs observations importantes à faire sur ce relevé :

1° Que sur dix-huit cent quarante-six lettres, il n'y en avait pas une dont le poids dépassât 60 gr., et alors pourquoi ce tarif de poids si compliqué, de 60 gr. à 1000 gr., qui procède de 5 gr. en 5 gr., et qui passe par deux cents degrés ?

2° Que si l'on voulait faire l'application de cette proportion du nombre des lettres pesantes au nombre total des lettres circulant dans les postes, on trouverait d'abord sur un total de soixante-dix-neuf millions de lettres soixante-onze millions cent mille lettres simples et sept millions neuf cent mille lettres pesant plus de 7 gr. 1/2 : ce ne serait donc que sur ce dernier nombre de lettres que devrait porter la réduction opérée par notre nouveau tarif. Or dans ce dernier nombre $\frac{139}{188}$ pèsent de 7 gr. 1/2 à 15 gr.; c'est là la plus forte partie, c'est là particulièrement que s'opérerait la réduction dans la recette, et on peut apprécier cette diminution. $\frac{139}{188}$ représentent une fraction non exactement réductible; supposons 3/4 : si le nombre des lettres pesantes est sept millions neuf cent mille, les trois quarts sont cinq millions neuf cent vingt-cinq mille. Supposons que deux tiers de ces cinq millions neuf cent vingt-cinq mille lettres pèseront de 7 gr. 1/2 à 10 gr. (2/3 est à peu près la proportion de 81 à 58, chiffres qui, dans le tableau ci-dessus, représentent les lettres de 7 gr. 1/2 à 10 gr., et les lettres de 10 gr. à 15 gr.). Trois millions neuf cent cinquante mille lettres auront donc pesé de 7 gr. 1/2 à 10 gr., et dix-neuf cent soixante-quinze mille lettres auront pesé de 10 gr. à 15 gr. Si le port de la lettre simple est estimé à 50 c., les trois millions neuf cent cinquante mille premières lettres ont supporté une taxe d'un demi-port en sus, ou 25 c. pour chacune, ou 987,500 fr. pour toutes, et les dix-neuf cent soixante-quinze mille autres lettres ont supporté un double port, ou 50 c. en sus pour chaque lettre, ou 986,600 fr. pour toutes. C'est donc, en somme, une perte de 1,975,000 fr. que le trésor éprouverait si le poids accordé pour la lettre simple était porté de 7 gr. 1/2 à 15 gr., et que le nombre général des lettres en circulation restât le même.

Il est vrai que nous ne tenons pas compte ici de la fraction de décime qu'on ajoute aux lettres de 7 gr. 1/2 à 10 gr., lorsque le chiffre de la taxe est impair; mais comme le port de la lettre à 50 c. est un port exagéré, nous supposons qu'il y a compensation.

Resterait à estimer encore la perte qu'éprouverait la recette par l'abaissement proportionnel de la taxe du dernier quart des sept millions neuf cent mille lettres que nous supposons peser 15 gr. et au-dessus. Cette appréciation serait très-difficile, parce que, bien que dans l'exemple que nous venons de citer, sur cent quatre-vingt-huit lettres aucune ne se trouvât peser plus de 60 gr., il s'en trouverait nécessairement dans les dix-neuf cent soixante-quinze mille, et nous ne savons pas dans quelles proportions ces lettres se classeraient. Mais comme ces lettres ne représentent, toutes ensemble, que le quart des lettres pesantes, nous croyons ne pas rester au-dessous du vrai en estimant la réduction qu'éprouveraient leurs taxes au tiers de la réduction qu'auraient éprouvée les trois autres quarts, soit 658,333 fr.

La perte totale résultant pour le trésor de la réduction de notre tarif de poids serait donc de 1,533,000 fr., mais nous croyons avoir établi précédemment que l'État serait largement indemnisé de cette différence par l'accroissement du nombre général des lettres en circulation (1).

Notre échelle de taxes, tant de poids que de distances, nous paraît plus rationnelle que l'ancienne, plus facile dans son appréciation par le public, plus commode pour son application dans le service des postes, enfin

(1) Nous ne croyons pas devoir parler de la diminution des recettes qui résulterait de la nouvelle division des parcours que nous avons présentée ; cette diminution serait insensible.

plus en rapport avec la nécessité, dont nous avons parlé, d'abaisser le tarif et d'augmenter le nombre des lettres en circulation tant dans l'intérêt bien entendu du trésor public, que dans celui du commerce et des particuliers. S'il ne paraissait pas possible de faire mieux encore, on pourrait donc, par toutes ces raisons, insister pour son adoption ; mais il ne faut pas dissimuler que nous n'avons présenté ce tarif réduit que comme transition, sans arriver à une réduction plus large, au moyen d'une taxe uniforme applicable à toutes les lettres circulant en France ; car la combinaison d'un port fixe avec l'application de la taxe au moyen d'un timbre, présente des avantages qu'il convient d'exposer enfin, et nous arrivons ainsi à notre proposition principale que nous traiterons dans le chapitre suivant.

CHAPITRE IV.

Des avantages d'une taxe fixe comparée au système actuellement en usage.

On dit avec raison que la taxe établie par la loi du 15 mars 1827, laquelle règle le port à percevoir d'après la distance en ligne droite, qui existe entre le point d'où la lettre part et le point où elle est distribuée, est plus rationnelle que la taxe précédemment en usage, qui s'établissait d'après la distance parcourue ; et cela à cause des taxes injustes auxquelles ce dernier système donnait lieu, lorsque, par suite d'un redressement dans la marche du courrier, les lettres se trouvaient parcourir une distance moindre que celle d'après laquelle la taxe avait été originairement fixée ; mais, d'autre part, lorsque la lettre parcourt effectivement une distance plus grande que celle qui sépare, en ligne droite, le point de départ du point d'arrivée, la taxe n'est pas non plus assez élevée; car si le port d'une lettre est le prix d'un service rendu, il est évident que lorsque le courrier décrit une courbe pour aller d'un point donné à un autre, la dépense est probablement plus forte que si le courrier marchait en ligne droite, et la taxe, d'après le principe du service rendu, devrait rationnellement être plus élevée. Le vice véritable de l'ancien mode de taxation, qui est encore en usage en Angleterre, est donc dans l'impossibilité de modifier la taxe à chaque fois que, par des changements opérés dans la marche des courriers, les lettres se trouveraient parcourir des distances différentes; car en équité, ce serait le parcours réel, et non la ligne droite, qui devrait servir de base à l'application de la taxe.

Mais pour suivre ce principe jusqu'à ses dernières conséquences, le gouvernement, dans certains cas, ne devrait-il pas baisser la taxe au-dessous du prix fixé pour le transport d'une lettre, même en ligne parfaitement droite, lorsque les frais d'exploitation seraient évidemment, sur une route, beaucoup au-dessous des frais faits partout ailleurs. Je veux parler des chemins de fer, par exemple, où le transport des lettres se fait sans frais appréciables pour l'administration des postes. Là, où est le prix du service rendu? Et comme on ne peut réduire à zéro le prix de la taxe des lettres, quelle base prendra-t-on pour l'établir ? Ne faudrait-il pas, pour en avoir une, revenir à l'appréciation des dépenses résultant des frais de transport en général, et obtenir une taxe moyenne en divisant les frais généraux de transport par le nombre des lettres transportées ?

C'est sur ce principe que s'appuient les partisans d'une taxe fixe et égale pour toutes les lettres, quelque distance qu'elles aient à parcourir.

Comme tous les droits et tous les besoins sont égaux en France, comme tout le monde reçoit et expédie des lettres à de courtes comme à de longues distances, toutes ces distances devraient se confondre pour l'administration dans une distance totale, ou, pour mieux dire, dans un prix moyen du service rendu ; car ce prix de service rendu n'est égal que considéré relativement à tous, et il est toujours inégal si on le compare à la dépense réelle du transport d'une dépêche, eu égard à la distance parcourue.

En effet, il existe en France, indépendamment des services en malle-poste, dix-sept cents services de transport de dépêches par entreprise (1). La dépense qu'ils entraînent pour le trésor n'est pas toujours en rapport avec la distance parcourue par les entrepreneurs. De ces entrepreneurs, en effet, les uns sont propriétaires de voitures publiques, et trouvent dans le transport des voyageurs, lorsque la route qu'ils desservent est suivie, un ample dédommagement au modeste prix

(1) Voir la note page 10.

annuel auquel la concurrence les a contraints de réduire leurs prétentions ; les autres, placés sur une route peu fréquentée, ont demandé et obtenu un prix élevé, parce qu'ils n'ont pas craint de concurrence ; d'autres, exploitant des services à pied, se soutiennent par les commissions qu'ils font en route; d'autres enfin, marchant à cheval et obligés à une exploitation spéciale, sont pour l'administration le sujet d'une dépense souvent hors de toute proportion avec la taxe du petit nombre de lettres qu'ils transportent; presque nulle part enfin la dépense réelle n'est en rapport exact avec le montant de la taxe des lettres transportées.

Les services en malle-poste eux-mêmes, dont la dépense est réglée d'après la distance réellement parcourue, et dont les frais semblent se multiplier régulièrement par le nombre des postes à franchir, ne sont pas en rapport non plus avec les recettes en port de lettres, que transportent ces malles; car la malle-estafette de Paris au Havre, par exemple, ne coûte que 6 f. 75 c. par poste, marche avec une rapidité double et produit trois fois plus de recette que la malle de Besançon, dont la dépense est de 7 fr. 95 c. par poste (1) : la taxe de distance relative devrait donc être moindre sur la route du Havre que sur celle de Besançon.

Concluons de ce qui précède, que les frais résultant du transport des dépêches ne sont nulle part en rapport exact et proportionnel avec le prix de la taxe des let-

(1) Les malles-estafettes n'emploient que deux chevaux. Les grandes malles, et la malle de Besançon en est une, en ont quatre, mais le salaire du courrier et du postillon sont moins élevés de 25 c. pour celles-ci.

tres : cette taxe ne peut donc pas être considérée exactement comme le prix proportionnel du service rendu.

S'il s'agissait du seul transport de deux lettres envoyées par un courrier spécial, l'une à Marseille et l'autre à Chartres, il serait juste que la taxe de la lettre pour Marseille fût plus forte que pour Chartres, parce que les dépenses faites par un courrier qui se rend à Marseille sont plus élevées que celles d'un courrier qui ne va qu'à Chartres; si le même envoyeur remettait séparément au même courrier dix mille lettres pour Marseille et dix mille lettres pour Chartres, le cas serait encore le même; mais si l'envoyeur remettait au courrier vingt mille lettres non triées pour Marseille et pour Chartres, qu'il fallût que la personne chargée du service emportât ces lettres chez lui, les triât, les formât en paquets étiquetés, enveloppés et cachetés, le cas deviendrait différent, car voilà d'autres soins, d'autres travaux, d'autres frais qui apparaissent; ce sont ceux dont est chargée l'administration des postes; frais d'exploitation qui s'appliquent aussi bien aux lettres de Chartres qu'à celles de Marseille. Il y aurait donc lieu déjà à une espèce de compensation entre ces deux prix de taxe de Marseille et de Chartres, qui résulterait de l'addition au prix inégal du transport, d'un prix égal de frais de régie et d'exploitation. Mais cette compensation ne deviendrait-elle pas nécessaire encore, si, au lieu des lettres pour Chartres et pour Marseille, on prenait en considération les lettres adressées à toutes les villes de France, lettres que nous supposons toutes préalablement, non-seulement déposées, triées, taxées, comptées et enveloppées à Paris, mais encore dans les quinze cents autres bureaux de poste en France, et adressées, soit à Paris, soit de Paris à chacun des quinze cents bureaux? Ajoutons à ces frais de régie les frais de distribution dans les villes et dans les campagnes, et nous pourrions être autorisés à conclure que la taxe d'une lettre de Paris à Marseille, fixée à 1 franc, et celle de Paris à Chartres à 3 décimes, sont des taxes injustement réglées, car elles ont été basées sur la distance parcourue, et qu'on n'a pas eu égard aux frais de personnel et de régie des postes, qui sont à peu près les mêmes dans tous les bureaux et qui devaient affecter par égale partie la taxe de toutes les lettres. La seule différence qui devait exister dans la taxe des lettres entre ces deux villes, devait être, pour une partie seulement de cette taxe, la différence qui existe réellement entre les frais de transport sur les deux routes, non pas seulement eu égard à la distance à parcourir, mais bien eu égard aux frais réels qui résultent, pour l'administration, du parcours de cette distance. Cepen dant nous avons vu que les dépenses résultant du parcours, variaient selon le mode d'exploitation des services, la rapidité de leur marche, et des circonstances de localité indépendantes du service des dépêches. La dépense en frais de transport n'est donc pas appréciable si l'on veut le faire exactement.

Les frais de régie et de personnel entrent pour 9,500,000 fr. dans les dépenses de l'administration des postes; les frais de transport, de dépêches, tant en malle-poste que par entreprise, pour 9,600,000 fr. (1). La por-

(1) Voir le compte définitif des dépenses de l'année 1836 :

Chap. 40.	Personnel et matériel,	9,509,295 fr.	83 c.
Chap. 41.	Transport des dépêches,	9,658,194	65

tion de la taxe des lettres qui pourrait être affectée par le port proportionnel à la distance parcourue, ne devrait donc être que de la moitié à peu près de la taxe totale, c'est-à-dire 9,600,000 fr., et l'autre moitié devrait être considérée comme une taxe fixe, applicable également à toutes les lettres en circulation. Enfin les 9,600,000 fr. prix du transport, pourraient très-rationnellement aussi servir de base à l'établissement d'une taxe fixe, si l'on considère que, comme nous l'avons dit, les longues distances compensent les courtes distances ; que chaque particulier doit, dans l'ordre naturel des choses, être dans le cas d'expédier des lettres à toutes sortes de distances, et qu'il y aurait enfin compensation pour les correspondants, comme pour l'administration, dans l'adoption d'une taxe moyenne à appliquer aux lettres, quelque distance qu'elles eussent à parcourir.

La taxe fixe, d'autre part, présente à l'exécution des avantages immenses pour le service des postes et pour le public. Son adoption produirait immédiatement les résultats suivants :

1° La taxation des lettres deviendrait plus facile ;

2° Le compte des taxes et la vérification des dépêches se feraient plus sûrement et plus rapidement;

3° Enfin, il pourrait être dressé dans les bureaux de poste un compte numérique des lettres, précieuse garantie pour la sûreté des correspondances.

Passons en revue chacun de ces avantages; ce nous sera une occasion d'entrer dans l'examen de quelques parties du service des postes, qui doivent être connues; nous dirons ensuite à quel taux devrait être établie cette taxe fixe dont nous proposons l'adoption.

1° L'application des taxes deviendra plus facile.

Si quelque chose, en effet, est encore incommode, gênant, difficile à comprendre, irrégulier et arbitraire en apparence dans le service des postes, ce sont les chiffres de taxe apposés sur les lettres. Pourquoi ces signes de convention, ces hiéroglyphes que personne ne comprend, qui cachent les adresses à moitié et sont eux-mêmes cachés sous les timbres de toute couleur, timbres noirs, timbres bleus et timbres rouges, destinées à constater l'arrivée, le départ ou la réexpédition des lettres? Pourquoi ne pas se servir de chiffres ordinaires qui puissent être compris par tout le monde, et surtout par le public qui doit acquitter le port de la lettre?

Les chiffres de taxe, en effet, ne sont pas à l'usage seulement des employés des postes, tout le monde doit pouvoir les lire; et cependant on peut penser que beaucoup de personnes, même parmi les employés des postes, doivent être fort embarrassés, lorsqu'il s'agit de les déchiffrer. Nous entendons parler des facteurs ruraux, gens très-peu lettrés en général, qui connaissent bien le petit timbre rouge qui les autorise à percevoir un supplément de deux sous, mais qui doivent se trouver fort empêchés quand il s'agit d'additionner ce décime avec les taxes principales qu'ils doivent aussi percevoir pendant leur tournée, et dont les signes représentatifs ne sont pas plus semblables au chiffre de leur décime, qu'aux autres chiffres qu'ils ont pu voir ailleurs.

Nous pensons donc que ce serait une bonne mesure que de supprimer les chiffres de taxe actuels, et de les remplacer par d'autres qui fussent à la portée de tout le monde, dans le cas même ou la diminution du nombre des degrés des taxes ne donnerait pas à l'administration des postes les moyens d'arriver à un résultat encore plus rapide, au moyen d'un timbre, ce que nous proposerons tout à l'heure; et cette opération serait singulièrement facilitée par l'adoption d'une taxe fixe.

2° Le compte des taxes et la vérification des dépêches se feront plus facilement et plus rapidement.

En effet, l'intérêt bien entendu des recettes exige que l'expédition des courriers ait lieu aussitôt que possible après la levée des boîtes, et que la distribution des lettres suive aussi de très-près l'arrivée des courriers. Mais la taxe des lettres joue le plus grand rôle dans la confection d'une dépêche; et si, dans le nombre des opérations qui accompagnent le départ et l'arrivée des courriers, l'opération si longue et si difficile de l'appréciation de l'apposition, du compte et de la vérification des taxes, pouvait être simplifiée, on voit qu'on en obtiendrait immédiatement un grand résultat d'accélération.

Pour nous en rendre bien compte, passons en revue les opérations qui précèdent, accompagnent et suivent la confection d'une dépèche.

Les lettres retirées pèle-mêle des boîtes doivent être relevées d'abord, et placées dans l'ordre de leur recto, de manière à recevoir un timbre sur leur suscription. Le timbre de départ ainsi appliqué sur toutes, on procède à leur taxe. Ces lettres sont de toutes formes et de poids différents, et il est nécessaire de composer une taxe spéciale pour chacune d'elles : il faut donc d'abord apprécier leur pesanteur, et comme les degrés de l'échelle de pesanteur sont très-rapprochés, cette appréciation ne peut se faire que difficilement à vue d'œil : pour agir sûrement, il faut en peser un très-grand nombre; ensuite il convient de calculer quelle est la taxe à faire subir à la lettre, eu égard à la distance qui sépare le point de destination donné par l'adresse, de celui de l'origine de la lettre indiqué par le timbre, soit que la lettre parte de la ville même où la taxe s'opère, soit qu'elle vienne de plus loin ; on constate alors le poids en chiffres au coin de la lettre, si elle dépasse le poids de 7 gr. 1/2. afin de justifier l'accroissement du port; on cumule ensuite les deux taxes de distance et de poids, et on les exprime enfin sur la suscription avec une grosse plume par un seul chiffre qui couvre ordinairement toute la hauteur de la suscription.

Après cette opération si délicate, si difficile, enfin si longue, puisque le résultat en est différent pour chaque lettre, le compte général de ces diverses taxes est fait, porté sur la première lettre du paquet, reporté sur autant de feuilles d'avis qu'il y a de bureaux de poste, entre lesquels les lettres sont divisées ; les lettres affranchies, recommandées, chargées, les paquets administratifs et les journaux sont réunis aux lettres taxées, et cela selon des formes particulières; le tout est empaqueté, ficelé, cacheté, enregistré, recommandé de nouveau, et enfin livré aux courriers.

On conçoit que, dans cette série d'opérations, celle de la taxe doit prendre au moins les 4/5 du temps consacré à toutes. Mais cette perte d'un temps précieux n'est pas le seul inconvénient qu'entraîne l'opération de la taxe. La précipitation qui l'accompagne ordinairement, fait qu'une vérification importante, celle du poids de la lettre, est le plus souvent négligée: passé 7 gr. 1/2, le port de la lettre s'augmentent de moitié; mais, dans le doute sur le poids d'une lettre, dominé par la crainte du retard que peut causer l'opération de la pesée, entraîné peut-être aussi par un instinct de fatigue ou de négligence naturelle, dont nous devons nécessairement tenir compte dans notre appréciation sincère, l'employé la mettra au nombre des lettres simples; car, s'il taxe au-dessous du tarif, il n'y aura pas de plainte de la part du particulier ni de responsabilité pour lui; ce qui pourrait avoir lieu, au contraire, s'il apposait une taxe trop élevée. Enfin s'il est payé à remises sur sa recette, cette considération ne le touche pas non plus, car la taxe des lettres qu'il expédie est une recette qu'il crée, et qu'il n'est pas chargé de réaliser.

Cependant la perte pour le trésor est réelle et presque irréparable; car, au point d'arrivée, le receveur qui est pressé de faire sa distribution, ne relèvera pas l'erreur; ce n'est pas trop affirmer que de dire que la dixième partie environ des lettres dont le poids dépasse 7 gr. 1/2 présente ce caractère douteux, et que si la moitié seulement de ces lettres échappe au supplément de taxe, la perte annuelle pour le trésor est d'environ 500,000 fr. (1).

(1) En effet, les lettres pesantes sont dans la proportion d'un dixième de la totalité des lettres taxées circulant dans les postes. Le nombre total des lettres étant 79 millions, le dixième est 7,900,000 lettres; si de ces lettres pesantes, la moitié

A chaque point d'arrivée d'une dépêche, la vérification et le compte des taxes présentent de nouveaux retards et de nouvelles difficultés.

En effet, à l'arrivée, l'opération est plus longue, car le receveur est intéressé à constater exactement le montant des valeurs qu'on lui envoie, et dont il est responsable : il faut que les particuliers attendent, jusqu'à ce qu'il ait reconnu son compte, qu'il ait constaté soigneusement les différences qu'il y trouve en plus ou en moins. Mais on ne concevra bien la difficulté de cette opération, que lorsqu'on saura que la dépêche de Paris pour Rouen, par exemple, est composée de mille à douze cents lettres dont les taxes de toutes sortes représentent une valeur totale de 700 à 900 fr. Or, ces lettres de toutes formes sont frappées de taxes toutes inégales depuis 4 jusqu'à 10 décimes au plus; pour les compter, il faut prendre les lettres une par une, les ajuster, les aligner, les partager par sommes de 20, de 50 ou de 100 fr.; et quand tout est fini, et qu'une demi-heure a été employée à ce travail, s'il se trouve une différence dans la somme des taxes avec le compte écrit sur la feuille, il faut recommencer, et constater la différence; séparer ensuite les lettres distribuables dans la ville, de celles qui doivent être portées dans la campagne, ou réexpédiées à un autre bureau; mettre à part celles

ou 3,950,000, présentent le caractère douteux de lettre simple ou de lettre double et doivent être pesées, et qu'enfin moitié de ces 3,950,000, ou 1,975,000, quoique réellement pesantes, soient taxées comme simple, en supposant le montant de la perte à 25 c. par lettre, qui représente le demi-port en sus du taux moyen de 50 c. La perte doit être annuellement pour le trésor de 493,750 fr.

qui doivent être frappées d'une taxe supplémentaire; constater cette dernière taxe; enfin faire un compte séparé à chaque facteur de la ville ou de la campagne: toutes choses fort délicates, nous le répétons, parce qu'elles impliquent la responsabilité du préposé, et partant fort longues, et qui seraient considérablement abrégées si les lettres classées dans les dépêches par séries et par catégories de taxes fixes, pouvaient, au moyen d'un simple compte numérique, former un montant total de décimes facile à établir et à vérifier.

Que sera-ce donc lorsqu'il s'agira pour un bureau de recevoir et d'expédier plusieurs dépêches par jour venant du même point, si un jour nous nous servons des chemins de fer? Le service de transport des dépêches entre Liverpool et Manchester est à quatre ordinaires par jour, et le produit de la correspondance entre ces deux villes seules s'élève annuellement à 11,000 liv. st. (ou 275,000 fr.). Mais on comprend que, pour que le public soit à même de profiter de cette grande accélération de la marche de ses lettres et de la prompte arrivée des réponses, il faudra que dans l'intervalle des arrivées aux départs des courriers, la distribution des lettres se fasse avec toute la promptitude possible. Ce sera dans ces cas-là surtout que l'accélération dans la distribution devra suivre l'accélération dans la marche des courriers, et que toutes les longueurs qu'entraînent l'application des taxes au départ, leur reconnaissance et leur collection à l'arrivée, devront être évitées. En effet, lorsque la lettre a parcouru un espace tel que ce parcours a entraîné un délai de vingt-quatre heures ou plus, il peut ne pas paraître extraordinaire que la reconnaissance des dépêches et la distribution des lettres entraîne un nouveau délai de quatre ou cinq heures. Mais, lorsque la dépêche n'aura mis qu'une demi-heure à venir, on trouvera ridicule une distribution aussi lente, et si elle doit se répéter trois ou quatre fois par jour, il faudra bien alors accélérer la remise des lettres dans une proportion égale, sous peine d'être obligé de distribuer plusieurs courriers à la fois.

3° Enfin, il pourra être fait un compte numérique des lettres, précieuses garanties pour la sûreté des correspondances.

Supposons pour un moment qu'on puisse arriver à simplifier assez le tarif pour qu'il suffise de compter le nombre des lettres renfermées dans la dépêche, pour établir un montant général de taxe; n'y aurait-il pas dans ce système, indépendamment de l'avantage d'un comptage plus rapide, un autre résultat plus précieux encore qui permettrait à l'administration des postes d'obtenir le nombre exact des lettres qu'elle reçoit et qu'elle expédie, inappréciable garantie contre les vols de lettres ?

Mais comment au contraire obtenir le compte exact des lettres à l'arrivée des dépêches, tant que ces dépêches seront composées de lettres toutes différentes de poids, de forme et de taxe. Le comptage par unités qui est l'opération la plus facile, lorsqu'il s'agit d'objets de même espèce, serait, dans l'ordre de choses actuel, une obligation presque impossible, si elle devait être remplie rigoureusement : cette justification a souvent été demandée aux employés ; mais, dans le desir de ne pas retarder davantage la distribution des lettres, on n'a pas insisté, et l'administration ne l'a jamais obtenue. Qu'arrive-t-il cependant en l'absence de ce document? c'est qu'un employé ou un facteur, en consentant à perdre le montant de la taxe, peut facilement soustraire une lettre contenant une valeur, et se couvrir de cette perte, et bien au-delà, par le produit de son vol. Il n'en serait plus de même si les lettres passaient comptées de mains en mains, jusqu'au facteur qui doit les remettre à destination.

D'autre part la mise en charge de ce facteur deviendrait bien plus rapide, si le compte seul des lettres pouvait, au moyen de taxes égales, former un montant de sommes rondes et faciles à établir. Dans ce cas, un simple chiffre pourrait exprimer et le nombre des lettres, et la taxe mise à la charge du facteur, comme cela se pratique déjà pour les lettres distribuées dans les communes dont la taxe supplémentaire est de 1 décime, et qui sont données aujourd'hui en nombre aux directeurs et aux facteurs, non pas dans une pensée de conservation pour ces lettres, mais bien parce que ces sortes de lettres valent 1 décime fixe de plus que les autres. Soit dix lettres, 10 décimes ou 1 fr.; vingt-cinq lettres, 25 décimes ou 2 fr. 50 c.

La distribution de ces lettres ainsi taxées deviendrait ensuite beaucoup plus prompte encore (et nous ne saurions trop appuyer sur cette nécessité d'une accélération considérable dans la distribution) si l'on pouvait, comme nous en indiquerons les moyens, n'avoir dans le service des postes que des lettres affranchies à l'avance.

En effet la distribution des lettres franches est plus rapide que celle des lettres dont le port est à recouvrer, et cela dans une proportion dont il est difficile de se faire une idée. Dans une enquête faite en Angleterre sur les affaires du post-office en 1828 (1), il a été constaté que dans le district de Lombard-Street à Londres, une demi-heure seulement avait suffi pour distribuer cinq cent soixante-dix lettres franches, et qu'il avait fallu une heure et demie pour remettre soixante-sept lettres taxées. Semblable examen n'a pas été fait en France, mais il n'y a nul doute qu'il produisît un résultat à peu près semblable. La remise d'une lettre franche ne demande pas l'emploi de plus de quelques secondes; mais l'examen de la taxe de la part de la personne qui reçoit la lettre, quelques mots d'explication nécessaires, enfin l'échange de la monnaie, peuvent entraîner l'emploi de plusieurs minutes pour la remise d'une lettre taxée. En Angleterre, il est vrai, comme les maisons n'ont qu'un seul locataire, il n'est pas nécessaire que le facteur appelle et attende que le destinataire descende pour lui remettre la lettre, ainsi qu'il est souvent pratiqué chez nous; mais le facteur anglais, d'autre part, doit frapper à une porte qui est toujours fermée et attendre plus ou moins longtemps que quelqu'un vienne pour la lui ouvrir. La perte de temps se trouve donc balancée dans les deux pays, et, en France comme en Angleterre, la

(1) Dix-huitième Rapport de la Commission d'enquête, page 54.

distribution d'une lettre taxée entraîne environ onze fois plus de temps que la remise d'une lettre franche. Soit huit secondes pour celle-ci, et une minute et demie pour la lettre taxée, le temps employé pour le parcours de maison à maison compris; ainsi la distribution de cent vingt lettres taxées exigerait trois heures, et la remise de cent vingt lettres franches seulement seize minutes.

Si l'on veut se rendre compte ensuite des frais que nécessiteraient le transport et la distribution d'une espèce de lettres dont le port serait acquitté d'avance et dont la taxe serait semblable pour toutes, on peut prendre pour exemple le Penny-Magazine (1) qui s'envoie et se distribue à domicile dans toute l'Angleterre, au nombre de plus de cent cinquante mille exemplaires, et qui est rendu au domicile de chaque abonné franc de tous frais, moyennant 2 sous de notre monnaie par numéro. Pour cette modeste somme, indépendamment du transport et de la distribution, les publicateurs doivent encore subvenir aux frais de l'impression de huit pages in-4° en petit texte, et à la composition et au tirage de nombreuses gravures sur bois qui ornent le livre; chacun sait cependant que cette entreprise offre des bénéfices considérables aux propriétaires. Pour combien peu doivent donc entrer dans ces 2 sous les frais de transport et de distribution de l'imprimé (2)?

Concluons provisoirement de tout ceci que, dans l'in-

(1) Voir : Post-office reform, by Rowland Hill.

(2) M. R. Hill estime les frais de factage pour ces sortes de publications en Angleterre, à $\frac{1}{8}$ de penny (1 c. $\frac{1}{4}$).

térêt de la rapidité de la distribution des lettres, il faut viser à faire entrer dans le service des postes le plus de lettres possible dont le port soit fixe, et ait été payé d'avance.

Et pendant que nous nous occupons de démontrer les avantages d'une taxe fixe, passons encore en revue ici quatre sortes de taxes particulières : 1° la taxe des lettres de la ville pour la ville, 2° la taxe des lettres écrites par les soldats, 3° la taxe des lettres circulaires, 4° enfin la taxe des lettres étrangères; et voyons comment ces quatre sortes de lettres pourraient être affectées par l'établissement d'une taxe uniforme.

1° La taxe des lettres de la ville pour la ville est aujourd'hui progressive; mais cette progression ne s'applique qu'aux conditions du poids de la lettre : en effet, là il n'y avait pas de transport appréciable, mais bien seulement distribution des lettres, et quand il s'agissait de déterminer le prix de port, leur poids seul devait être pris en considération.

L'échelle de poids en usage pour la taxe des lettres de la ville pour la ville est plus large que celle que nous avons vu s'appliquer aux lettres qui doivent parcourir une certaine distance hors de la ville d'où elles partaient. Au lieu de 7 gr. 1/2, la taxe simple permet un poids de 15 gr.; de 15 gr. elle va à 30, et ensuite elle s'augmente de 30 en 30 gr. d'un demi-port primitif.

Cette échelle de taxe, quoique plus simple que l'autre, pourrait être encore simplifiée. Les lettres que s'écrivent des particuliers de la même ville sont très-rarement doubles, excepté s'ils s'envoient des papiers d'affaires, ou des paquets ; dans ce cas, il faut que l'administration détermine jusqu'à quel poids elle consent à transporter ces paquets, et qu'elle fixe, pour ceux-ci comme pour les lettres, un port modéré ; car c'est surtout dans l'intérieur de la même ville, qu'on cesserait d'employer l'entremise de la poste, si le prix de transport était trop élevé. Il n'est guère supposable que, dans une lettre de la ville pour la ville même, on s'avisât de réunir plusieurs lettres adressées à divers particuliers pour ne payer qu'un port ; car il faudrait dans ce cas que le destinataire fît porter les incluses à domicile, et autant vaudrait que l'envoyeur prît ce soin lui-même. Ces lettres sont donc toujours simples, dans le sens que nous attachons à ce mot. Ce sont des lettres adressées par la même personne à la même personne ; ce sont des invitations, des avis, des notes ; et lorsque ces lettres sont plus pesantes, ce sont des paquets de diverses espèces que l'administration des postes peut transporter avec avantage, au-dessous d'un certain poids qu'elle aura fixé.

Il ne faudrait donc pour ces correspondances que deux taxes fixes, et toutes deux très-modérées, savoir, celle des lettres et celle des paquets. Et dans la crainte que le public n'usât pour ses commissions de ce dernier mode de distribution, jusqu'à rendre la distribution des facteurs impossible, il serait bon de fixer à 100 gr., par exemple, le maximum du poids des paquets, et de régler ainsi la taxe : 1 déc. pour les lettres de 0 à 50 gr., et 2 déc. pour les lettres de 50 gr. à 100 gr. Nous dirons tout à l'heure comment cette taxe serait appliquée.

Cette taxe de 1 déc. et de 2 déc. selon le poids, serait encore applicable aux lettres envoyées d'un bureau de poste à un bureau de distribution avec lequel il correspondrait directement, ou de ce bureau de poste à chacune des communes de son arrondissement, ou enfin de commune à commune dans le même arrondissement. En effet la distance de chacun de ces points à l'autre, n'est pas appréciable postalement parlant, car la distance dans les postes ne se calcule que de bureau de poste à bureau de poste. Et sous le rapport des conditions du poids des lettres, tout ce que nous avons dit des lettres de la ville pour la ville, devrait être applicable à celles que nous venons de mentionner ici.

Les trois autres espèces de taxe de lettres sont, pour ainsi dire, exceptionnelles.

2° Ainsi la taxe appliquée aujourd'hui aux lettres adressées aux soldats ou aux sous-officiers sous les drapeaux est d'une somme fixe de 25 cent., quelle que soit la distance parcourue dans le royaume. Cette taxe devrait être fixée au prix le plus bas des taxes perçues, soit à 1 déc. fixe par lettre, toujours à la condition que cette lettre ne renfermerait pas d'incluses, et le trésor, en faisant un acte de justice à l'égard d'hommes qui reçoivent par jour un si faible traitement en argent, obtiendrait peut-être en définitive, sur cette nature de correspondance, une recette annuelle plus élevée.

3° La taxe des lettres d'avis, de mariage, de décès, etc., est une taxe d'imprimés, car elle est payée d'avance, et la loi (1) dit que ces lettres ne devront pas contenir

(1) Loi du 15 mars 1827.

d'écriture à la main, et seront pliées de manière à pouvoir être facilement vérifiées. Ces avis cependant, admis sous forme de lettres cachetées, paient un port fixe de 5 cent. ou de 1 déc., selon qu'ils sont destinés pour la ville même où ils ont été remis à la poste, ou qu'ils sont envoyés dans d'autres bureaux de poste du royaume. Cette taxe est modérée, elle est rationnelle et nous proposerions de la conserver. En effet, bien que les frais de transport et de distance de ces sortes de lettres soient les mêmes pour l'administration que ceux résultant du transport de toutes les autres lettres des particuliers, elles offrent un intérêt moindre pour ceux-ci, et il importe à l'administration des postes de les faire rentrer dans son service par un abaissement de la taxe; c'est le principe que nous avons invoqué partout.

4° Enfin un système de taxation modéré n'affecterait pas non plus les conditions du prix de transmission des lettres aux pays étrangers.

Les lettres qui se transmettent de France à l'étranger, et de l'étranger en France, sont généralement remises au poids, et le prix est fixé pour chaque once ou 30 gr. pesant, quel que soit le nombre des lettres que ce poids de 30 gr. renferme. Le prix de transmission est réciproque; il est généralement réglé par un traité, et proportionné à la distance que les lettres ont parcourue, ou doivent parcourir, pour arriver à la frontière. Les rayons de taxe que l'on fait à cette occasion, n'ont pas de rapports nécessaires avec les taxes établies pour le parcours intérieur. Ceux-là sont arbitrairement réglés, non par la loi, mais par le traité, et sont mis en rapport avec les taxes de distances des pays étrangers. On voit donc que l'abaissement de nos taxes intérieures n'aurait pas pour conséquence de faire baisser les prix qui sont payés à l'administration des postes françaises pour le transport des lettres étrangères envoyées en transit par la France, et ne changerait rien aux traités faits ou à faire à ce sujet. Si les taxes françaises, plus modérées que les taxes étrangères, devaient provoquer, de la part des pays limitrophes, une demande d'abaissement sur le prix du transit en France, la France, à son tour, demanderait un abaissement proportionnel sur le prix du transit des lettres étrangères qu'elle est obligée d'acquitter. Tout serait donc égal entre les parties; et la France jouirait, d'une manière plus étendue, du bénéfice d'une réduction qui, si elle est bonne, ne pourrait pas perdre à être généralisée.

Maintenant, comme transition à la proposition d'une réduction de la taxe en général qui doit être le résultat de l'établissement d'une taxe fixe, et avant de passer à la fixation du prix de port des lettres circulant de ville à ville, disons que si, par une heureuse disposition, l'administration pouvait augmenter tout à coup considérablement le nombre des lettres en circulation, les frais de transport n'augmenteraient pas dans la même proportion, parce que les moyens d'exploitation sont organisés de manière à transporter, sans aucune augmentation de dépenses, une beaucoup plus grande quantité de lettres que celles qui circulent aujourd'hui.

En effet, examinons quelle est la dépense d'un service en malle-poste, le plus cher de tous les services, et voyons quel est le nombre des lettres que cette malle pourrait transporter.

Soit la malle-poste de Paris à Marseille, dont le parcours est le plus long. La dépense se compose par poste:

1° Du prix de l'emploi de quatre chevaux.	4 f. 50 (1).
2° Du salaire du courrier.	1 25
3° Du salaire du postillon.	1 25
4° Des frais d'entretien et de renouvellement de la voiture.	» 60 (2).
Total par poste.	7 60

La distance étant de 100 postes, la dépense totale pour une course de Paris à Marseille est donc 760 fr. Le magasin de la malle de Marseille peut contenir un poids de 600 kilogrammes environ de lettres et de journaux. Supposons que la malle ne transporte un jour que des journaux ou des imprimés; chaque feuille pouvant représenter un poids de 7 g. 1/2 et 600 kilogrammes étant égaux à 80,000 fois le poids de 7 g. 1/2, on transporterait donc 80,000 imprimés, et la recette, à raison de 4 cent. l'un, serait d'environ 3,200 fr., c'est-à-dire plus de 4 fois plus élevée que la dépense.

Supposons maintenant que le magasin de la malle fût rempli de lettres seulement; le poids d'une lettre simple ne doit pas dépasser 7 g. 1/2, mais lorsque les lettres

(1) C'est le prix payé presque partout, sauf quelques indemnités données dans les localités difficiles.

(2) Le bail est à 59 c. ½ par poste.

sont réunies, on compte généralement le poids des lettres sur le pied de 5 grammes par lettre simple : dans 600 kil. il se trouverait cent vingt mille fois 5 gr., autrement dit 120,000 lettres ou, enfin 120,000 fr., puisque la taxe d'une lettre de Paris à Marseille est de 1 fr. La recette serait donc égale ici à peu près à cent cinquante-cinq fois la dépense.

Supposons enfin que le magasin de la malle contînt moitié lettres et moitié journaux, la recette serait encore de 61,600 fr., ou égale à quatre-vingt-cinq fois la dépense.

Nous ne comptons pas ici les trois places de voyageurs qui donnent dans tous les cas 450 fr. par voyage, c'est-à-dire les deux tiers de la dépense, lorsqu'elles sont occupées.

Cependant le montant actuel de la taxe des lettres et des journaux envoyés de Paris aux 274 bureaux de poste desservis par la malle-poste de Marseille, n'est que d'environ 3,083 fr. par jour.

Si la taxe était réduite, par exemple, à 20 c. par lettre simple, la recette serait, pour cent vingt mille lettres, de 24,000 fr. par voyage, c'est-à-dire trente-une fois plus élevée encore que la dépense en frais de transport.

Si l'on voulait enfin proportionner exactement la taxe fixe à apposer sur les lettres des particuliers aux frais de leur transport réel, la taxe moyenne d'une lettre simple de Paris à Marseille serait de 6 c. 1/2, en supposant que la malle contînt autant de lettres qu'elle en pourrait contenir, c'est-à-dire 120,000.

Il est vrai que dans tous ces calculs nous avons omis avec intention de parler des correspondances administratives. Mais dans l'hypothèse d'un accroissement dans le nombre des lettres des particuliers aussi considérable que celui que nous avons supposé, on pourrait donner aux correspondances administratives dans les malles-postes la place qu'occupent aujourd'hui les voyageurs et leur bagage, et on ne renoncerait qu'à un produit variable de 4 fr. 50 cent. par poste.

Un accroissement même considérable dans le nombre des lettres n'augmenterait pas non plus les frais de transport des dépêches par entreprise. Les marchés ne stipulent pas la pesanteur des paquets de lettres, et les voitures qu'emploient en général les entrepreneurs pour le transport des voyageurs et des marchandises, suffiraient à toutes les exigences possibles en ce genre.

Il reste donc démontré que, quel que soit le nombre des lettres à transporter, le montant de leur taxe suffira toujours à payer les frais de leur transport; qu'il y aura toujours spéculation avantageuse pour l'administration à transporter des lettres, même train de malle-poste; et que, si elle était assez heureuse pour se voir obligée de doubler ses courriers, elle devrait s'applaudir de cette nécessité, non-seulement comme du symptôme d'un accroissement immense dans la prospérité publique, mais encore comme d'une source certaine d'accroissement de produit pour sa régie.

Quant aux frais actuels d'exploitation du service des postes, autres que les dépenses du transport, il n'y a pas lieu de croire qu'ils s'augmentassent beaucoup non plus par l'accroissement du nombre des lettres. Il est vrai que l'administration a plusieurs fois appuyé ses demandes de crédit pour l'augmentation de son personnel, sur le nombre toujours croissant des lettres en circulation, probablement parce que cet argument était plus sensible pour les Chambres et pour le public, et qu'il était juste avec le système actuel de taxation; mais, en réalité, l'accroissement du nombre des lettres n'augmenterait pas le travail des directeurs, si la taxe était fixe. En effet, la partie la plus pénible du service de ces agents consiste dans la nécessité de recevoir des courriers nombreux, souvent pendant la nuit; de rester de dix à douze heures par jour dans leur bureau, pour satisfaire aux réclamations d'un public exigeant; de former et de vérifier de nombreuses dépêches; enfin, et surtout, d'apposer, de compter et de vérifier une grande diversité de taxes; mais le nombre plus ou moins considérable des lettres serait peu de chose pour eux, si les taxes étaient claires, uniformes et acquittées d'avance.

Mais si la taxe fixe est juste en principe, commode pour le public, et favorable à la sûreté et à la rapidité du service des postes, à quel taux conviendrait-il de la fixer? C'est ce que nous allons examiner maintenant.

Une taxe fixe en France ne pourrait pas représenter exactement la moyenne entre toutes les taxes actuellement établies, parce que le port d'un nombre très-considérable de lettres, c'est-à-dire de celles justement qui sont envoyées à de courtes distances, se trouverait augmenté, quelquefois même doublé, ce qui n'est pas proposable. En effet, nous avons vu que la moyenne des taxes actuelles était environ 50 cent., et aujourd'hui toutes les lettres simples envoyées à une distance de moins de 150 kilom., sont taxées à moins de 40 cent.

Mais si aucune taxe parmi les lettres actuelles ne peut être augmentée, il convient donc d'adopter, comme taxe générale, la moins élevée de toutes, et c'est à cette conclusion que nous devions être forcément amené. Il paraît presque impossible qu'une taxe fixe pour toutes les lettres circulant en France ne soit pas réglée au prix de la plus basse des taxes actuellement en usage, soit 1 déc. par lettre simple circulant dans l'arrondissement du bureau de poste où elle a été confiée au service, et 2 déc. aussi par lettre simple, pour tout autre parcours dans l'étendue du royaume.

Cherchons maintenant, et tout d'abord, à nous rendre compte du résultat financier de l'adoption d'un semblable tarif.

Les 79 millions de lettres qui ont circulé en France en 1836 (1) se divisent ainsi :

5 millions environ de ces lettres étaient adressées à des habitants de l'arrondissement des bureaux mêmes où elles ont été confiées au service des postes;

7 millions environ représentent les lettres de Paris pour Paris;

Enfin la partie excédante, ou 67 millions, est le nombre des lettres qui ont été envoyées de bureau à bureau, et qui ont supporté la taxe progressive de poids et distance.

(1) Voir Annuaire des postes de 1838, page 158.

Si les douze premiers millions de lettres, que l'on appelle dans les postes *correspondance locale*, eussent été taxés au taux fixe de 1 déc., la recette eût été 1,200,000

Si les autres 67 millions eussent supporté une taxe fixe de 2 déc., cette partie de la recette eût été 13,400,000

Total 14,600,000

Mais de combien pensera-t-on que le nombre total des lettres en circulation eût dû s'augmenter par une semblable réduction de taxe, et par la suppression presque totale de la fraude, qui en eût été sans doute la conséquence (1)? Des négociants ou des particuliers entretenant des correspondances entre Paris et Pau, par exemple, ne seraient-ils pas conduits à écrire beaucoup plus souvent, lorsque le port de leur lettre ne leur coûterait plus que 20 cent. au lieu de 1 fr. (2)? Cette habitude d'écrire, restreinte aujourd'hui par l'élévation du port, ne peut-elle pas s'étendre au point que chaque particulier rendrait au trésor public, en taxes réduites, des sommes quatre ou cinq fois plus fortes que celles qu'il paie aujourd'hui avec les taxes actuellement établies?

Supposons que le nombre des lettres ne se fût augmenté en 1836 que de cent cinquante pour cent, par

(1) La diminution du port doit faire rentrer dans le service 45,500,000 lettres qui s'en échappent aujourd'hui. Voir page 26.

(2) Et pour prendre un exemple dans une autre espèce de transports, ne pourrait-on pas affirmer que beaucoup de personnes qui employaient rarement les voitures de places, ont été conduites par l'économie du prix à se servir des voitures omnibus, et ensuite à les prendre si souvent, qu'à la fin de l'année, leur dépense en frais de transport est dix fois plus élevée qu'auparavant ?

suite de cet abaissement considérable de la taxe, c'est-à-dire que l'on n'eût obtenu que le double des lettres, plus moitié en sus, la recette n'aurait pas baissé même dès la première année, car cette recette eût été, d'après notre tarif réduit, de 36,500,000 fr., et, avec le tarif actuel, les recettes de la taxe des lettres ne se sont élevées en 1836 qu'à 35,665,000 fr. (1).

Dans les années qui suivraient celle où l'abaissement du tarif aurait été adopté, la recette irait croissant, selon toute probabilité, si nous ne sommes pas trompé entièrement dans nos raisonnements relatifs à la nécessité de correspondre plus fréquemment, qui se fait sentir partout; aux inconvénients de la fraude pour les particuliers qui y ont recours; et enfin à l'accroissement des recettes trop peu considérables aujourd'hui, si on les compare aux produits du dixième des places des voyageurs dans les voitures publiques.

Ainsi, dans l'hypothèse de la réduction de la taxe des lettres à 1 déc. et à 2 déc., ce ne sont pas seulement les frais du service qui seraient largement couverts par les recettes; mais ce seraient les recettes actuelles, lesquelles sont doubles des frais, qu'on pourrait avoir l'espoir de conserver, de voir s'augmenter même, en même temps qu'on satisferait à un devoir de moralité publique en facilitant les correspondances des classes pauvres, et aux besoins journaliers du commerce et de l'industrie, en diminuant le prix d'un service qu'ils doivent toujours et forcément employer.

(1) Service ordinaire, 33,733,256 fr. } 35,665,732 fr.
Service rural, 1,932,476

CHAPITRE V.

De l'emploi d'un timbre sec pour l'application de la taxe.

L'idée d'apposer les signes de taxe sur les lettres au moyen d'un timbre, est très-ancienne; en effet, elle est simple, et elle devait se présenter naturellement à l'esprit de ceux qui exploitaient le privilége des postes.

En 1653, un Mr de Velayer, maître des requêtes, qui paraît être l'inventeur véritable du service de la petite poste à Paris (1), avait obtenu un privilége du roi pour l'établissement de boîtes aux lettres, qu'il avait placées aux coins des principales rues, boîtes qu'il faisait lever trois fois le jour par des hommes chargés de porter les lettres à leur adresse. On appelait ces boîtes *les boistes des billets*.

« Mais en même temps (dit Pélisson, de qui nous empruntons les propres expressions) (2) il avait établi un « bureau au palais où on vendait pour 1 sou pièce certains

(1) Le service de la petite poste de Paris, à peu près tel qu'il existe aujourd'hui, a été établi définitivement en 1759.

(2) Voir aux pièces à l'appui Note n° 1.

« billets imprimés et marqués d'une marque qui lui « était particulière. Ces billets ne contenaient autre « chose, sinon : *port payé* le jour de « l'an mil six cent cinquante-trois ou cinquante-quatre. « Pour s'en servir, il fallait remplir le blanc de la date « du jour et du mois auquel vous escriviez, et après cela « vous n'aviez qu'à entortiller ce billet autour de celui « que vous escriviez à votre ami, et les faire jeter en- « semble dans la boiste (1). »

Voilà bien le système du timbre et de l'affranchissement préalable tout à fait en application, quoique encore sur une petite échelle. Le développement du même système a été le sujet d'un mémoire adressé à l'administration des postes, il y a dix ans environ, par un respectable habitant de Paris (2), qui avait passé une partie de sa vie à poursuivre, souvent en vain, l'exécution de quelques projets utiles.

D'autre part, lorsqu'on discuta, il y a quelques années, dans le parlement anglais, la question de savoir s'il ne convenait pas d'abolir le timbre des journaux, et d'y substituer un droit de poste, M. Charles Knight proposa de faire vendre des empreintes timbrées d'un penny, au moyen desquelles les particuliers affranchiraient les feuilles qu'ils auraient à expédier par la poste.

(1) Lire aussi l'avertissement placé en note au recto du billet de Pisandre. L'envoi d'un billet port payé dans la lettre pour servir à affranchir la réponse demandée, est un moyen très-simple qui a été reproduit à peu près 200 ans plus tard par M. Rowland Hill, qui sans doute n'avait pas connaissance des billets de M. de Velayer.

(2) M. Ler***.

Enfin ce système de taxation au moyen d'un timbre sec vient d'être développé en 1837 par M. Rowland Hill avec un talent et une netteté remarquables. C'est lui qui attribue à M. Knight l'idée première de ce moyen, mais il s'en empare aussitôt avec beaucoup d'avantages, pour en faire une large application. M. Hill propose l'adoption d'une taxe fixe et unique d'un penny (10 c.) pour toute lettre circulant dans l'étendue de la Grande-Bretagne (1). Les aperçus les plus raisonnables, les calculs les mieux établis, viennent à son aide, lorsqu'il démontre que la recette générale des postes ne doit pas en souffrir. Son opinion a été défendue à la chambre des lords par lord Brougham ; elle a été partagée et soutenue à la chambre des communes par M. Wallace, M. Warburton, par M. Hume, lord Lowther, et par plusieurs autres amis sincères des progrès du commerce et de la civilisation; enfin elle a su toucher assez vivement l'opinion publique pour qu'une commission d'enquête ait été nommée (2), et tout fait croire que bientôt, sans doute, son plan, au moins en grande partie, sera mis à exécution.

Beaucoup de considérations sur lesquelles s'appuie avec raison M. Rowland Hill ne sont pas applicables à la France, et je n'ai pas l'intention de le suivre dans ses développements relatifs à la modification du tarif anglais; les deux taxes fixes que je propose, l'une pour les lettres de la ville pour la ville, l'autre pour les

(1) Post-office reform — by Rowland Hill. — London, 1837.
(2) 23 die Novembris 1837.

lettres envoyées hors de l'arrondissement des bureaux de poste où elles auront été confiées au service, en même temps qu'elles me paraissent devoir satisfaire complètement aux intérêts du commerce, répondraient mieux en France, qu'une taxe unique de 1 décime, au besoin de la conservation immédiate des produits, sur laquelle on appuiera toujours chez nous; mais quant au mode d'application du port que propose l'auteur anglais, il présente des avantages tellement évidents, que j'ai cru ne pouvoir mieux faire que de l'exposer presque littéralement d'après lui.

Du papier de toute espèce et des enveloppes de lettres frappés d'un timbre sec représentant la taxe, pourraient être vendus au public par les soins de l'administration des domaines ou de l'administration des postes.

La composition des timbres pourrait varier selon que le premier ou le second des tarifs que nous avons proposés serait adopté.

Supposons d'abord l'adoption du tarif réduit à six échelons de poids et à six échelons de distance que nous avons développé chap. 3 (1). Nous aurions donc trente-six timbres de taxe. Chacun de ces timbres présenterait trois chiffres : 1° le chiffre indicateur de la distance que peut parcourir la lettre eu égard à sa taxe; 2° le chiffre indicateur du poids qu'elle ne doit pas dépasser; 3° enfin le chiffre indicateur de la taxe (2).

(1) Voir page 50 et suivantes.

(2) Voir le tableau des modèles de timbres, Note n° 5.

Les divisions du tarif proposé étant réglées de manière à partager toutes les taxes en six séries pour les distances et en six séries pour le poids, au moyen de trente-six timbres, toutes les espèces de lettres pourraient donc être taxées.

Et, il ne faudrait pas trop s'effrayer de ce grand nombre de timbres, et de la complication qui pourrait en résulter. Au moyen de l'extension proposée du poids de la lettre simple jusqu'à 15 gr., le premier timbre du poids servirait pour les neuf dixièmes des lettres, et les deux timbres immédiatement au-dessus, suffiraient aux autres lettres d'un poids excédant, car les lettres taxées circulant dans les postes dont le poids excède 50 gr. ne sont pas dans la proportion de une sur cinq cent (1).

L'échelle de distance, d'autre part, est claire et facile à apprécier. Les lettres adressées à de courtes distances sont les plus nombreuses, et les timbres des premiers degrés seraient plus fréquemment employés ; la distance de 700 kilom. est celle de Paris à Perpignan, et c'est la plus longue de notre tarif. Toutes les distances intermédiaires sont comprises dans six catégories de taxes seulement, et par conséquent ne peuvent nécessiter l'emploi que de six timbres. Or, si on multiplie ces six timbres par le premier timbre de poids qui sera le plus souvent employé, ou par les trois premiers timbres de poids qui seuls à peu près seront employés, on verra que le nombre des timbres réellement en usage, ne sera que

(1) Voir page 64. La proportion exacte des lettres pesantes aux lettres simples.

de six ou au plus de dix-huit, et non pas de trente-six.

On objectera cependant, que les particuliers seraient souvent dans le doute au sujet du poids de leur lettre ou de la distance qu'elle doit parcourir, et nous avouons que cette objection est très-fondée. Quoique nous pensions que les négociants pourraient prendre promptement l'habitude de peser leurs lettres, et d'estimer la distance à laquelle ils les envoient, cependant nous ne pouvons pas nous dissimuler que c'est dans le doute qu'ils pourraient éprouver à ce sujet, que réside la principale difficulté de la taxation des lettres au moyen du timbre, dans l'hypothèse de l'adoption d'un tarif basé sur le poids et la distance. Notre premier tarif, beaucoup plus simple que le tarif actuellement en usage, ne pourrait donc être encore utilement adopté, que si l'on continuait à taxer avec la plume, et en se privant ainsi des avantages du timbre sec.

Arrivons donc alors à l'application du timbre à la seconde modification proposée du tarif, celle qui consisterait à taxer à 1 décime fixe les lettres de la ville pour la ville, et à 2 décimes toute autre lettre circulant en France au-dessous du poids de 15 gr.

Dans cette hypothèse, l'emploi des enveloppes timbrées serait très-simple, et n'offrirait plus aucun embarras pour les particuliers. Les timbres de taxe pour toute espèce de lettre circulant en France ne dépasseraient pas le nombre de quatre : deux pour les lettres de la ville pour la ville ou pour l'arrondissement, et deux pour les lettres envoyées de bureau à bureau.

Des deux premiers timbres, c'est-à-dire ceux applicables aux lettres circulant dans l'intérieur de l'arrondissement de chaque bureau de poste, l'un exprimerait: 1° la pesanteur de la lettre simple qui peut s'étendre ici jusqu'au poids de 50 gr.; 2° sa nature de lettre de la ville pour la ville; 3° et enfin la taxe de 1 déc. (Voir le tableau des timbres ci-après, n° 1.) Le second indiquerait: 1° le poids de 50 à 100 gr.; 2° la nature de la correspondance de la ville pour la ville; 3° enfin la taxe qui serait 2 décimes. (Voir le tableau, n° 2.)

Pour les correspondances adressées à de plus longues distances, la rédaction des deux timbres serait à peu près la même. La condition de correspondance de la ville pour la ville seulement serait omise, et le poids seul de la lettre et la taxe seraient mentionnés. (Voir le tableau ci-contre, n°s 3 et 4.) Le timbre n° 3 servirait pour les lettres du poids de moins de 15 gr., qui supporteraient une taxe de 2 décimes; et le timbre n° 4, pour les lettres de 15 gr. à 100 gr. qui seraient taxées 1 fr.

SPECIMEN DES TIMBRES.

N° 1.

N° 2.

N° 3.

N° 4.

La fixation de la taxe des lettres de la ville pour la ville à 1 d. et à 2 déc. ne demande pas ici de nouvelles explications; mais je crois qu'il est essentiel de dire tout d'abord pourquoi je propose de fixer à 1 fr. le port de toute lettre circulant en France de bureau de poste à bureau de poste au-dessus du poids de 15 grammes, et de 15 g. à 100 grammes.

L'administration des postes, en prenant l'engagement de transporter à un prix unique et considérablement réduit, toute espèce de lettres à toute espèce de distance en France, doit, ainsi que nous l'avons dit, se mettre en mesure de n'avoir à transporter que des lettres ou des paquets d'un poids et d'un volume limités.

Le poids de 15 gr. (ou d'une demi-once) est égal à peu près à celui de trois feuilles de papier ordinaire de 15 décimètres carrés; c'est tout ce que peut comporter la lettre la plus longue, même accompagnée de plusieurs effets de commerce ou autres pièces incluses. Au-dessus de ce poids, toute autre lettre peut être considérée comme un paquet cacheté, contenant des correspondances ou tous autres papiers que l'administration des postes transporterait avec avantage encore au-dessous du poids de 100 gr. (ou un cinquième de livre), mais qu'elle taxerait 1 fr. (1).

Ce dernier port sera encore considérablement réduit, car une lettre de 100 gr. envoyée de Paris à Avignon est taxée d'après le tarif actuel 9 fr. 90 c. Mais, en

(1) Je suppose que l'envoi par la poste des paquets pesant de 15 à 100 gr., sera très-rare, 1° parce que les lettres de ce poids, ainsi que nous l'avons dit, sont déjà très-rares dans le service; 2° parce qu'elles le deviendraient probablement davantage encore, à cause de la diminution relativement plus grande du prix du port des lettres pesant moins de 15 grammes; car il y aurait avantage pour l'envoyeur à diviser son paquet en trois ou quatre parties qui seraient taxées chacune 2 décimes, que de le laisser en un seul paquet qui serait taxé à 1 fr. Ce second timbre donc me paraît devoir être de peu d'utilité; et si je propose de conserver cette seconde classe de lettres, et de créer le timbre qui doit en exprimer la taxe, c'est pour favoriser certains rapports entre des négociants placés à de longues distances les uns des autres, et qui préféreront sans doute l'emploi de la poste à celui des messageries pour l'envoi de factures de marchandises, ou d'autres papiers de commerce.

même temps, par la limite de 100 gr., on préviendrait l'abus de l'envoi par les malles-postes de paquets trop lourds sous forme de lettres, tout en laissant cependant aux particuliers la faculté de se servir encore de la poste pour l'envoi de certains papiers volumineux dans des cas urgents et pour de longues distances, faculté dont nous supposons que le commerce usera quelquefois.

Avec un système de taxation si simple et si modéré, un timbre spécial pour la correspondance des soldats ne serait pas nécessaire ; car les lettres des soldats, aujourd'hui affranchies à 25 c., rentreraient dans la classe des lettres ordinaires, et paieraient 1 ou 2 décimes seulement.

Si on ne jugeait pas à propos de faire rentrer les lettres d'avis de naissance, de mariage et de décès, dans la classe des imprimés, et de les taxer comme tels à 4 c. par feuille, on pourrait adopter pour cette espèce de correspondance deux timbres spéciaux d'une forme particulière pour qu'ils se distinguassent des autres timbres de taxe. Ces timbres seraient appliqués dans le service sur les avis présentés à l'affranchissement au moyen d'une couleur délayée à l'huile comme les timbres de dates actuels; l'un servirait pour les avis de la ville pour la ville et l'autre pour les avis envoyés à de plus longues distances.

Toutes les lettres ainsi timbrées seraient traitées dans le service des postes comme lettres affranchies; elles pourraient être jetées à toutes les boîtes, comme sont aujourd'hui les lettres à taxer, et remises, dans tous les cas, franches de tout prix de port, à leur destination.

Les timbres seraient apparents, soit qu'ils se trouvassent placés sur un coin des enveloppes, soit qu'ils fussent frappés à une certaine place des feuilles de papier destinées à écrire des lettres, de manière à se représenter sur la suscription de la lettre pliée.

Les lettres réexpédiées par suite du changement de résidence du destinataire n'auraient pas de taxe supplémentaire à supporter, parce que la distance parcourue par la lettre en France ne serait jamais prise en considération.

Toute lettre qui excéderait le poids indiqué par le timbre, devrait être mise au rebut. Cette disposition exactement exécutée, détournerait les particuliers de l'idée de se livrer à cette espèce de fraude qui consisterait à tenter de faire transporter pour une taxe moindre que celle qu'elle devrait supporter, une lettre pesant plus que le timbre de l'enveloppe ne le comporterait. En effet, une lettre timbrée étant une fois dans le service, ne pourrait subir aucune taxe supplémentaire; il est, et doit être de principe, qu'une lettre affranchie parvienne toujours franche, et que le destinataire ne se trouve dans aucun cas passible d'un supplément de port. Dans l'ordre de choses actuel, l'administration supporte les différences et les erreurs de taxe pour les lettres affranchies, parce que ces erreurs sont le résultat de l'inattention de ses agents; mais dans l'avenir, ces erreurs seraient du fait des particuliers envoyeurs, ceux-ci seuls devraient donc en être responsables; or, ils ne pourraient l'être que par la perte du timbre, et par le retard qu'éprouverait leur lettre. Au reste, ces cas seraient nécessairement très-rares, à cause de la grande extension donnée au poids de la lettre simple, et de la modicité de la taxe qui éloignerait tout intérêt de fraude. Il n'y aurait d'ailleurs que peu de doute dans l'esprit des envoyeurs, puisque la distance serait hors de question, et qu'il ne s'agirait plus que de savoir si la lettre pèse 15 gr. ou davantage : or, nous avons dit que les dix-neuf vingtièmes des lettres en circulation dans les postes pesaient moins de 15 gr. (1).

L'emploi des enveloppes timbrées serait toujours préférable pour les particuliers et pour le service de l'administration, à l'emploi du papier timbré, et il serait désirable que le commerce fût conduit à se servir toujours des enveloppes. Le moyen d'arriver à ce résultat semblerait facile : ce serait de diminuer le poids du papier de l'enveloppe même, du poids total accordé à la lettre dans l'énonciation du timbre; les lettres sous enveloppes seraient alors entièrement assimilées, pour le poids, aux lettres envoyées simples, et les avantages de l'enveloppe comme propreté, sûreté et commodité, ressortiraient sans compensation de perte sur le poids.

Les enveloppes destinées à renfermer des lettres simples, c'est-à-dire, pesant moins de 15 gr. (le poids de l'enveloppe non compris) seraient toutes du même format, quelle que fût la distance à parcourir par la lettre. Les enveloppes timbrées du prix d'un franc et destinées à recevoir des lettres plus pesantes, seraient faites d'un format proportionnellement plus grand. La consé-

(1) Voir page 64.

quence de cette régularité dans le format des lettres de même prix ou au moins de même pesanteur, serait, comme nous l'avons dit, une accélération notable dans la vérification des taxes, et une facilité très-grande pour le compte et la formation des dépêches.

L'administration des postes, ayant en sa possession la matrice des timbres, ferait frapper des enveloppes ou du papier en aussi grande quantité que les besoins du public l'exigeraient; elle pourrait être autorisée à accorder une remise aux débitants de papier à Paris et dans les départements, et à ses propres agents, qui, dans les provinces, devraient se charger de ce débit.

Le papier timbré serait vendu partout, et comme les timbres secs devraient s'appliquer, à la demande des fabricants, sur des papiers de toute espèce, les débitants pourraient satisfaire à toutes les fantaisies du luxe comme à tous les besoins de l'économie, et chacun serait conduit à avoir sur son bureau sa provision de papier de poste, comme on trouve chez les gens de loi des provisions de papier timbré.

Il résulterait de ce système de taxation divers avantages que nous devons mentionner d'abord, avant que de répondre aux objections que le système pourrait faire naître.

1° *Il y aurait plus de rapidité dans le travail de manipulation des lettres et moins d'erreurs de la part des employés*, parce que la même taxe serait appliquée sur des lettres de même grandeur, et que les employés des postes, comme les particuliers, pourraient le plus souvent, à la simple inspection, juger du montant de la taxe des lettres par leur dimension même: car plus une lettre est grosse, plus elle pèse, et plus elle pèse, plus le port doit s'en élever. La plupart des erreurs commises par les employés proviennent de la complexité des opérations qui se rattachent à la composition, à l'application, à la vérification, enfin à la constatation de taxes toutes différentes les unes des autres (1), et la simplification que nous proposons abrégerait considérablement toutes ces opérations. Si, au lieu de lettres à affranchir, qu'il faut, dans l'ordre de choses actuel, recevoir de la main du particulier, peser, taxer et enregistrer, et de lettres non affranchies qu'il faut relever, timbrer, peser, taxer et mettre en compte, il n'y avait dans le service des postes qu'une sorte de lettres dont la taxe, qui aurait été perçue avant qu'elles n'entrassent dans ce service, serait facilement reconnaissable et rapidement appréciable, il est certain qu'on obtiendrait immédiatement une économie considérable sur le temps employé pour le travail des bureaux et pour la distribution des lettres dans les villes, et en même temps, peut-être, qu'une diminution dans le nombre des agents chargés du service, et dans les frais de régie et d'exploitation.

Il sera nécessaire, sans doute, de se livrer dans les bureaux de poste à l'examen préalable des timbres, pour prévenir les fraudes qui pourraient se faire, et sur le poids des lettres, et par le double emploi des enveloppes; mais il y a loin du temps employé pour un examen semblable, lequel peut être très-rapide, aux délais qu'en-

(1) Voir pages 75 et suivantes.

traînent la composition longue et difficile, l'application obscure, enfin la constatation pénible des taxes actuelles de poids et de distance.

2° *Il y aurait diminution dans le nombre des lettres en rebut*, puisque rien ne se place si aisément qu'une lettre franche, et qu'aucune taxe ne devrait désormais être perçue au point d'arrivée. Or, il y a eu en 1836 quinze cent quatre-vingt mille lettres en rebut (1); si la somme de taxe montant à 790,000 fr. que représente ce nombre de lettres, à raison de 50 cent. l'une, ne doit pas entrer tout entière dans les augmentations de recettes sur lesquelles l'administration des postes peut compter par suite de l'adoption de la nouvelle mesure, on conviendra du moins que la suppression des registres, et des imprimés nécessaires dans les postes pour la constatation et le renvoi à Paris de cette immense quantité de lettres refusées, et pour l'allocation des taxes aux directeurs qui les portent ensuite en non-valeurs dans leurs comptes, sera un grand avantage administratif, un allégement au travail, et une diminution dans les frais d'exploitation à Paris où ce travail seul occupe une vingtaine d'employés.

Mais la disparition presque totale des lettres en rebut aura une autre portée morale qu'il ne faut pas oublier. L'envoi de prospectus sous plis fermés, d'offres inutiles et souvent d'avis ridicules ou de mauvaises plaisanteries, se trouve favorisé par le mode actuel de réception des lettres dans le service des postes sans affranchissement

(1) Voir Annuaire des postes de 1838.

préalable. C'est dans le cas dont nous parlons un piége tendu à la bonne foi des personnes qui reçoivent et paient toutes les lettres qu'on leur apporte ; c'est une espèce de surprise pour beaucoup d'autres ; enfin c'est un travail infructueux pour l'administration des postes, parce que ces lettres ne paient le port ni au départ ni à l'arrivée. Il serait désirable que tout le monde fût débarrassé de ces sortes de lettres qui, par extension, pourraient être nommées lettres d'attrape. Nous croyons que de longtemps encore on ne pourra priver le public de la faculté de jeter une lettre à la boîte sans l'affranchir ; il faut un temps de transition, il faut que l'usage de l'affranchissement préalable devienne général par l'expérience qu'on acquerra bientôt des avantages qu'il présente au moyen des enveloppes timbrées, et nous proposerons tout à l'heure de faire marcher concurremment les deux systèmes de taxation ; mais au moins, dès à présent, les négociants qui adopteront pour leurs correspondances réciproques l'usage des enveloppes timbrées, ne seront plus exposés à recevoir des lettres de la nature de celles dont nous venons de parler.

3° *Il n'y aurait plus d'occasions de démoralisation pour un grand nombre de commissionnaires ou de jeunes commis de maisons de banque chargés d'aller aux bureaux de poste affranchir des lettres*, et qui succombent quelquefois à la tentation de détruire ces lettres pour s'approprier le montant de l'affranchissement, ou d'exagérer auprès de leur patron le prix de l'affranchissement pour faire un bénéfice sur cette opération. Ces faits nous ont été signalés par plusieurs négociants respectables. Ils ont pour résultat d'accroître la responsabilité de l'administration, en même temps qu'ils démoralisent les agents employés à cet office, lesquels, après plusieurs larcins impunis, peuvent se laisser aller à des atteintes plus graves contre la société.

Chaque négociant affranchira sa lettre de son bureau même; il n'aura pas à redouter l'indélicatesse de son commis ni d'un agent des postes; il ne craindra pas non plus les réclamations de ports de lettres de son correspondant; il n'y aura plus aucune espèce de compte semblable, puisque cette dépense, dont chaque négociant paie ordinairement la moitié, mais sur le mémoire arbitrairement dressé de son correspondant, sera payée plus justement par chaque partie, au départ de la lettre, et qu'elle s'ajoutera, pour ainsi dire, à la valeur de la feuille de papier dont on se servira pour écrire.

4° *Il y aura une extrême simplification dans le mode de perception des recettes.* Des comptables en effet qui ne toucheraient plus d'espèces, ne seraient jamais trouvés en déficit; ils ne pourraient plus commettre d'erreurs ou de malversations nuisibles aux intérêts de l'État que sur quelques recettes autres que celles de la taxe des lettres, recettes d'ailleurs peu considérables, telles que le prix de places des voyageurs dans les malles, et les articles d'argent; et l'usage des enveloppes timbrées devenant plus général, leur comptabilité se bornerait à peu près à un compte en nombre des enveloppes qui leur seraient envoyées; l'application du timbre pourrait avoir lieu à Paris, et la recette tout entière des postes s'opérerait ainsi au trésor public sans aucuns frais de rentrée, d'escompte ou de trésorerie.

Examinons maintenant les différentes objections qu'on pourrait faire à notre système; et d'abord attachons-nous à la plus grave de toutes : c'est celle qui prend sa source dans l'obligation qui sera imposée à toutes les personnes qui écrivent, d'affranchir leurs lettres à l'avance.

Pour bien nous rendre compte du nombre des correspondances qui souffriront de cette mesure, passons en revue toutes les espèces de lettres circulant par la poste, afin de voir quelles sont celles qui pourraient être gênées par la nécessité de l'affranchissement préalable qu'entraîne l'usage des enveloppes timbrées.

Les lettres qui circulent dans le service des postes peuvent être divisées en quatre classes, savoir :

Pour les lettres suivies d'une réponse : 1° les lettres dont le port est payé par chaque correspondant, 2° les lettres dont un seul correspondant paie le port à l'aller et au retour.

Et pour les lettres qui ne sont pas suivies de réponses :

3° Celles qui sont affranchies par l'envoyeur, 4° enfin celles dont le port est payé par le destinataire.

La première classe de ces lettres, c'est-à-dire les lettres dont le port doit rester à la charge de chaque correspondant, forme au moins les cinq sixièmes des lettres qui circulent dans le service des postes. Les commerçants, qui sont dans l'usage de partager le prix des ports de lettres, ne seraient nullement gênés par la nécessité de payer le port d'avance ; et puisqu'il est d'usage entre eux de payer la moitié de la dépense totale en ports de lettres, peu leur importe de payer le port de la lettre qu'ils envoient, ou celui de la lettre qu'ils reçoivent.

A l'égard de la deuxième classe, c'est-à-dire, des lettres suivies de réponses, mais dont un seul correspondant doit payer le port à l'aller et au retour, la partie payante peut être le correspondant qui écrit le premier, ou celui qui répond. Si c'est celui qui écrit le premier qui désire payer le port de la réponse, il peut envoyer dans sa lettre une enveloppe timbrée, dans laquelle devra être incluse la réponse, qui se trouvera ainsi exempte de port pour le répondant; et si c'est le correspondant qui reçoit la première lettre, qui désire acquitter les deux ports de lettres, il pourra mettre dans sa propre enveloppe une autre enveloppe timbrée qui remboursera son correspondant de l'avance qu'il aura faite pour lui (1). L'envoi réciproque de ces enveloppes timbrées pourrait passer dans les habitudes du commerce. Cet usage serait plus raisonnable et plus juste que celui par lequel on se fait, comme aujourd'hui, des comptes arbitraires de ports de lettres, et cet envoi d'enveloppes timbrées n'aurait lieu que dans les cas très-rares où les intérêts ne seraient pas réciproques.

En somme, la deuxième classe, comme la première classe de lettres dont nous avons parlé, ne sera pas gênée par la nécessité de payer le port d'avance.

La troisième classe, c'est-à-dire celle des lettres qui ne

(1) Voir aux pièces à l'appui, Note n° 1, l'annotation placée au bas du fac-simile de la lettre de Pélisson.

doivent pas recevoir de réponse, et dont l'envoyeur doit payer le port, est favorisée complètement par ce nouvel arrangement; car l'envoyeur qui est obligé, dans le système actuel, de se transporter à un bureau de poste pour déposer le prix de sa lettre, pourra l'affranchir sans sortir de chez lui, au moyen de son enveloppe timbrée.

La quatrième classe est celle des lettres qui ne doivent pas être suivies de réponse, et dont la taxe doit rester à la charge du destinataire; c'est la seule nature de correspondance qui semble devoir être gênée par un système d'obligation générale d'affranchissement préalable. Cependant il faut remarquer en premier lieu que le nombre des lettres de cette espèce est infiniment petit; il ne doit pas être d'une lettre sur mille. Il doit être très-rare, en effet, qu'un particulier ait un intérêt personnel à écrire à un autre, et se trouve en même temps dans l'impossibilité morale d'affranchir sa lettre; il semble que le contraire est plus probable; qu'il doit, au contraire, être le plus souvent forcé d'affranchir sa lettre; et si, dans des cas très-rares, il n'affranchit pas, c'est qu'il veut abuser, dans son propre intérêt, de la confiance de son correspondant, ou qu'il croit qu'un usage reçu défende d'affranchir, bien que l'équité exigeât qu'il le fît.

Dans le premier cas, l'usage nouveau aura, comme nous l'avons dit, cet avantage de débarrasser le service et les négociants de ces offres de service, de ces prospectus qui ne seraient plus reçus qu'affranchis; bon nombre de ces lettres aujourd'hui refusées, rentreraient peut-être dans les postes, sous forme d'affranchissement;

et en second lieu, si c'est pour se conformer à cette opinion que la politesse ne permet pas d'affranchir les lettres, que certaines personnes ne paient pas d'avance le port de celles qu'elles envoient, l'adoption du système des enveloppes timbrées aurait l'avantage de mettre chacun à son aise sur ce point, et nous croyons que ce préjugé de politesse, s'il existe réellement, s'évanouirait bientôt. L'usage qui le remplacerait serait fondé sur la vérité et sur la justice, qui veulent que celui qui s'adresse à un autre de son propre mouvement, paie le transport de la lettre qu'il envoie; car cette action est déterminée par son propre intérêt, ou au moins par sa propre volonté, en admettant même le cas si rare où il écrirait réellement et seulement dans l'intérêt de la personne à laquelle il s'adresse.

Il résulte donc des observations que nous venons de présenter : 1° que pour les correspondances suivies de réponses, dans le plus grand nombre de cas, le système proposé serait praticable, commode et économique, et que, dans les autres, il modifierait quelques habitudes, mais serait encore très-exécutable; 2° que pour les lettres non suivies de réponse, le nouveau mode serait très-avantageux à celles dont le port doit être payé par l'envoyeur; et que, quant à celles dont le port doit rester à la charge du destinataire, le nombre en est extrêmement rare, et doit devenir presque nul, lorsque les lettres d'attrape et les lettres contenant des offres de services inutiles, en auront été écartées (1).

(1) M. Hill dit que le système d'affranchissement obligatoire est universelle-

Au reste, nous avons examiné cette question en nous plaçant dans la prévision de la nécessité où l'on pourrait être un jour d'affranchir au moyen des enveloppes timbrées; mais nous ne croyons pas que cette nécessité, qui sera le résultat de l'usage et de l'intérêt, même des correspondants, doive être imposée immédiatement au public. Nous proposerons tout à l'heure de faire fonctionner le nouveau mode de taxation concurremment avec l'ancien, et de laisser aux particuliers la liberté d'employer l'un ou l'autre à leur choix.

Un inconvénient grave du système en discussion serait la possibilité de la part du public d'employer deux fois la même enveloppe timbrée, en faisant disparaître les caractères de la suscription au moyen d'un réactif qui rendrait au papier sa blancheur primitive, et permettrait de le revendre pour neuf. Cet inconvénient serait en effet de nature à compromettre les recettes. Il est heureusement plusieurs moyens de l'éviter. D'abord le chlore, ou tout autre réactif employé en semblable occasion, en blanchissant le papier, devrait altérer le timbre sec; car ce ne seraient pas seulement les caractères écrits avec la plume qu'il faudrait faire disparaître, mais bien encore les empreintes des timbres à date d'arrivée et de départ qui sont appliqués avec de la couleur délayée à l'huile, dont l'un, celui du départ, pourrait être apposé sur le timbre sec même. Il est très-probable qu'alors le réactif bon pour faire disparaître l'écriture, ne le

ment adopté dans les présidences du Bengale et de Madras; que, quoique la taxe des lettres soit encore à peu près du tiers des taxes anglaises, cet usage n'a fait naître aucune plainte, et n'a pas diminué le nombre des lettres en circulation.

serait pas pour faire disparaître le timbre à l'huile, et *vice versa*, que le pinceau qui devrait laver le timbre à date, mouillerait et détruirait en même temps l'empreinte du timbre sec.

Il faudrait, d'autre part, que l'opération fût faite en grand pour être véritablement productive pour celui qui l'entreprendrait; et le rassemblement d'une grande quantité de vieilles enveloppes ne serait pas sans difficulté. Dans les bureaux de poste, la chose ne serait pas plus facile qu'ailleurs; car ce n'est pas dans les bureaux de poste que les lettres sont ouvertes par les particuliers, et pour que ces enveloppes pussent servir de nouveau, il faudrait qu'elles n'eussent pas été trop froissées, ni brisées du côté du cachet. Enfin terminons par un argument qui aurait pu nous dispenser de produire les autres, c'est que nous croyons avoir la certitude qu'il existe aujourd'hui des moyens de préserver le papier d'altérations semblables à celles dont il est ici question. Le développement des procédés employés à cet effet, nous éloignerait de notre sujet; qu'il nous suffise d'assurer que ces moyens existent (1).

Si, contre toute attente, l'expérience démontrait cependant qu'aucune encre ne serait à l'épreuve de ces

(1) Un fabricant, en Angleterre, a proposé un modèle de papier, lequel a paru satisfaire à toutes les exigences. Ce papier, dont un échantillon était joint, je crois, à la dernière édition de la brochure de M. Hill, est fait de telle manière qu'à la première altération de l'encollage qui le recouvre, des fils de soie de diverses couleurs, placés parallèlement en filigranes dans le corps du papier, reparaissent à l'extérieur. Mais il a été fait en France, dans ces derniers temps, des expériences plus satisfaisantes encore par les soins de l'administration des domaines, et on peut assurer qu'il existe maintenant plusieurs moyens de préserver le papier de toute altération.

procédés chimiques, si le papier des enveloppes ne pouvait pas posséder les propriétés que nous lui supposons, si enfin les traces du cachet précédemment placé au dos de l'enveloppe ne pouvaient pas non plus venir suffisamment en aide aux employés des postes, pour leur faire découvrir les altérations qu'on aurait fait subir aux enveloppes, nous avons pensé qu'un autre moyen de parer à la fraude pourrait être employé dans les bureaux de poste : ce serait de frapper à l'arrivée les lettres à l'endroit du timbre sec d'une espèce d'emporte-pièce qui couperait l'enveloppe à cette place, et s'opposerait à ce qu'elle pût être présentée de nouveau.

L'application de cet emporte-pièce serait très-prompte, très-facile, et ne retarderait ni ne gênerait le service.

Mais nous ne donnerons pas ici plus de développement à cette idée, persuadé que nous sommes qu'on pourrait arriver aux moyens de composer des enveloppes qui ne serviraient jamais deux fois.

M. Hill propose un autre moyen de suppléer, dans l'occasion, aux enveloppes timbrées, moyen très-simple et qui pourrait être adopté dans beaucoup de cas ; il consisterait à frapper le timbre de taxe sur de petits morceaux de papier très-minces et de forme ronde, et ces timbres, semblables à ceux dont on se sert chez les notaires ou aux chancelleries, seraient collés sur les lettres au moyen d'une substance glutineuse, et déchirés ensuite dans le bureau d'arrivée par l'employé chargé de la distribution.

Si ces petits morceaux de papier timbrés étaient mis en usage, ils pourraient être débités par paquets, et appliqués sur la lettre par les particuliers eux-mêmes ou par les agents des postes. Les particuliers, surtout en province, qui seraient en doute sur le poids de la lettre qu'ils auraient écrite, pourraient la présenter aux bureaux de poste et payer immédiatement le prix du timbre, lequel serait collé sur leur lettre, en leur présence.

Peut-être objectera-t-on encore que, toutes les lettres timbrées ayant ainsi payé le port d'avance, il y aurait moins de garantie pour leur exacte délivrance que si le port en était à recouvrer par le facteur; en d'autres termes, qu'un facteur paresseux pourrait détruire les lettres pour éviter la peine de les porter.

A cela on pourrait répondre que, dans l'ordre de choses actuel, il n'y a pas plus de garanties de sécurité pour les lettres franches; mais ce ne serait pas parfaitement juste, parce que le facteur, devant nécessairement faire sa tournée pour porter les lettres taxées, n'a que peu ou point de peine de plus pour remettre en même temps les lettres franches; il s'ensuivrait donc que cette dernière part très-importante des correspondances ne doit son exacte arrivée qu'à la nécessité où est le facteur de porter des lettres dont le port est à recouvrer.

Cependant examinons quelles sûretés pourrait présenter le service nouveau.

Indépendamment des moyens de surveillance de l'administration, des contrôles et des épreuves auxquels elle pourrait avoir recours pour s'assurer de la fidélité de ses facteurs, on pourrait donner au public la possibilité de recommander des lettres pour tous les points de la France, faculté qui n'est accordée aujourd'hui que pour les lettres à la destination de Paris. Toute personne consentant à payer un demi-port en sus de la taxe ordinaire de sa lettre, serait admise à la faire *recommander* et pourrait en demander un reçu. A cet effet, elle remettrait au préposé des postes chargé de recevoir la taxe supplémentaire, une copie de la suscription de sa lettre, écrite sur un papier séparé, et le préposé frapperait cette copie de son timbre à date constatant le jour de l'expédition de la lettre dont ce double servirait ainsi de reçu.

Les lettres *recommandées* seraient placées séparément des autres dans la dépêche; mais au point d'arrivée elles seraient confondues par le directeur des postes avec les lettres ordinaires qu'il remettrait à son facteur; or celui-ci, dans l'impossibilité où il serait de distinguer les lettres qui seraient l'objet de la surveillance dont nous avons parlé, et dans la crainte d'être facilement découvert et sévèrement puni, ferait sa tournée plus exactement encore que s'il transportait des lettres taxées.

L'administration des postes cesserait de prendre un reçu des destinataires des lettres ; cet usage présente des inconvénients. Comme elle n'en aurait pas donné d'autres au point de départ, que l'application du timbre de date sur une copie de l'adresse, et ceci simplement à titre de renseignement officieux et pour faciliter les recherches en cas de perte, cette perte de la lettre ne devrait donner lieu à aucune responsabilité, non plus que la perte des lettres *recommandées* aujourd'hui. Le reçu est une garantie morale dont le public s'est trouvé très-bien jusqu'à présent; mais, quant à la garantie matérielle, il est inutile d'ajouter que l'administration ne peut en donner aucune pour le contenu d'une lettre qui lui a été présentée fermée; et cela est si vrai, que pour les lettres chargées même la loi n'assujétit l'administration qu'au paiement d'une somme de 50 fr., garantie qui est évidemment insuffisante et illusoire. Ajoutons enfin que cette garantie morale que nous offrons, sera plus efficace que celle qui résulte de la nécessité, pour un facteur infidèle, de porter une lettre dont la taxe lui est comptée. Car dans ce cas la perte du port de cette lettre ne sera rien pour lui chaque fois qu'il la mettra en comparaison avec le profit qu'il peut tirer de son vol ou de sa négligence. L'administration doit faire choix d'employés et de facteurs d'une conduite régulière, elle doit les soutenir, les surveiller, les encourager; et cette manière d'agir sera toujours la meilleure garantie pour elle contre les pertes ou les vols des lettres.

Si l'on voulait présenter encore comme une objection sérieuse le temps ou la dépense qu'entraînerait le timbrage d'une grande quantité d'enveloppes, nous opposerions l'économie considérable de temps qu'on ferait sur l'opération de la taxation; et d'ailleurs on pourrait timbrer des enveloppes tous les jours et à toute heure, tandis qu'on ne peut taxer des lettres que dans le court intervalle de temps qui s'écoule entre la levée des boîtes et l'expédition des dépêches. La taxation des lettres, enfin, est longue, difficile et sujette à erreur, principalement en raison de la rapidité avec laquelle l'opération doit être faite; tandis que l'application d'un timbre sur une enveloppe blanche, est une opération mécanique qui sera toujours à la portée de toutes les intelligences.

Une dépense nouvelle résulterait, il est vrai, des frais de confection et d'application des timbres; mais il est facile de l'apprécier. Les matrices des timbres secs gravés sur acier avec tout le soin possible, coûteraient 40 fr. l'une, ou 1,440 fr. pour trente-six, si on allait jusqu'à trente-six timbres. Deux presses suffiraient; celles du timbre royal coûtent 1,000 fr. Toute la dépense en matériel qu'entraînerait le projet, se bornerait donc à une somme de 3,440 fr., et cette dépense n'est pas sans compensation. Nous avons dit qu'une taxation claire et régulière tourne à l'avantage des recettes; et, en second lieu, le temps d'un grand nombre d'employés expérimentés, tels que ceux qui doivent s'occuper de la taxe des lettres, a une valeur qui pourrait être ou économisée en entier, ou employée profitablement ailleurs. Il y avait, il y a quelques années, à l'administration des postes à Paris, un bureau spécial pour la taxation des lettres; il était composé de vingt-trois personnes, et il coûtait 60,500 fr. par an. Cette dépense, qui existe encore aujourd'hui sous une autre forme, pourrait être supprimée; car la vérification d'un timbre de taxe doit être à la portée de tous les commis et directeurs, et n'exigera pas des employés spéciaux.

Dispositions transitoires.

Quelque évidents que puissent paraître les avantages

qui doivent résulter pour le public du nouveau système de taxation des lettres, nous ne pensons pas que ce nouveau procédé pût être substitué tout à coup, et sans transition, à celui qui est en usage aujourd'hui. Il faudrait, dans tous les cas, respecter les habitudes prises, et faire fonctionner d'abord le nouveau système concurremment avec l'ancien.

Cet emploi simultané des deux moyens n'apporterait aucune perturbation dans le service des postes. Les lettres timbrées pourraient être facilement distinguées des autres dans les dépêches ; elles seraient comptées et enregistrées sur une feuille spéciale, et si cette séparation devenait l'objet d'une opération de plus pour les employés des postes, l'augmentation de travail causée par cette opération, serait compensée par la réduction de travail résultant, d'autre part, de la diminution du nombre des lettres à taxer d'après l'ancien système. Il ne faut pas oublier d'ailleurs que l'abaissement de la taxe, pour les lettres timbrées seulement, ferait augmenter rapidement leur nombre, et nous croyons qu'en peu de temps celui des autres lettres serait tellement réduit, que la mesure nouvelle pourrait être généralisée sans aucun inconvénient.

CHAPITRE VI.

Conclusions.

Des développements que nous avons présentés, on peut tirer les conclusions suivantes :

1° Il est d'un puissant intérêt pour l'État que le nombre des lettres en circulation en France soit aussi élevé que possible. Les transactions du commerce ne sauraient être trop facilitées, comme sources de richesse pour le pays et de produits pour le trésor public.

2° L'accroissement du nombre des correspondances peut être obtenu, ou par l'accélération de la marche des courriers et de la distribution des lettres, ou par l'abaissement des taxes, ou mieux encore par les deux moyens réunis. L'administration a, pendant les quinze dernières années, beaucoup accéléré la marche des courriers et la distribution des lettres ; mais elle n'a pas assez pensé à la réduction des taxes (p. 1-15).

3° Lorsque le port des lettres est peu élevé, la rapidité du mode de transport, et la sécurité que donne le service de l'administration des postes, ramènent à elle les correspondances qui s'échappaient par d'autres issues; et les taxes des lettres nouvelles compenseront toujours et au-delà, à cause de leur grand nombre, la diminution de recette qui pourrait résulter de l'abaissement du tarif.

4° Ces suppositions acquièrent force de certitude, si l'on consulte l'expérience du passé, et si l'on considère que chaque création de service, chaque facilité donnée au commerce par la poste, a été immédiatement suivie d'une augmentation dans les produits. Nous en avons cité des exemples pris dans la correspondance de Paris avec Marseille, accélérée récemment, ainsi que dans l'établissement du service journalier en 1827, et du service rural en 1829 (p. 5, 7, 9).

5° De doubles services de poste partant de Paris, contribueraient encore à augmenter le nombre des lettres en circulation ; et un emploi mieux entendu des facteurs ruraux, en procurant à l'État une augmentation de droit de cinq pour cent sur le transport des articles d'argent, ferait entrer dans le service des postes une quantité considérable de lettres nouvelles (p. 11).

6° La taxe des lettres est trop élevée, et ce fait se démontre moralement comme financièrement. En effet, il y a des relations de famille qui seraient entièrement interrompues par l'élévation du port actuel des lettres envoyées à de longues distances, si ces correspondances n'avaient pas recours à la fraude. Et d'autre part les produits de poste ne se sont pas élevés proportionnellement, pendant les vingt dernières années de paix, au même taux que d'autres revenus indirects, tels que le dixième sur le prix des places des voyageurs dans les voitures publiques, bien que le besoin d'écrire doive se présenter plus naturellement et plus fréquemment que celui de se déplacer (p. 18).

7° S'il y avait à opérer une réduction sur une taxe quelconque, il conviendrait de choisir d'abord, pour en faire l'objet de la réduction, celle dont l'abaissement donnerait la plus grande somme d'avantages pour le public, en même temps que la moindre perte pour le trésor, et aussi celle dont le revenu toujours progressif, mais non encore assez étendu, annonce des besoins généraux qui seraient mieux satisfaits, si le tarif était moins élevé; or cette taxe est celle des postes (p. 19).

8° Il est du devoir d'une administration publique investie d'un privilége si important en résultat que celui du transport des correspondances, de se mettre en état de faire parvenir toutes les lettres que les particuliers ont intérêt à écrire; et si l'élévation du prix de port est un obstacle réel pour ceux-ci, il semble que l'État leur refuse un objet de première nécessité, qu'il ne leur est ni possible ni permis de se procurer ailleurs.

9° La fraude sur le transport des lettres est en grande partie le résultat de l'élévation des taxes. Elle est considérable en France; plus de quarante-cinq millions de lettres circulent en dehors du service des postes par des voituriers ou des messagers de ville à ville, indépendamment de celles qui sont transportées par des voyageurs, ou qui passent indûment sans taxe, dans le service des postes, sous le couvert des préposés publics (p. 22).

10° Des entreprises particulières ont été autorisées

par les tribunaux à distribuer des imprimés et des journaux : c'est une atteinte au privilége des postes, qui ne peut être motivée que sur l'élévation du tarif.

11° Toute lettre écrite a une utilité relative, et presque toutes seraient confiées au service des postes, si la taxe n'en était pas trop élevée, eu égard au degré d'importance que les envoyeurs y attachent.

12° Dans la taxe des lettres, le prix du service rendu est représenté par le montant général des dépenses divisé par le nombre de lettres en circulation ; le reste de la recette est un impôt, qui pourrait être diminué dans certaines proportions, si l'intérêt bien entendu de l'État le commandait. Le transport et la distribution d'une lettre simple, en France, coûte à l'État environ 8 cent., et la taxe en rapporte 44 (p. 28-32).

Le transport et la distribution d'un imprimé coûte 8 cent. et rapporte 4 cent. ; enfin le transport des correspondances administratives coûte 9,480,000 fr. par an, et ne rapporte rien. Ce dernier transport, fait gratuitement, représente une économie pour l'État, qu'il convient d'attribuer à la taxe des lettres.

Le résultat de ces appréciations est que si l'impôt était égal au prix du service fait, il serait de cinq cent cinquante pour cent moins élevé que l'impôt actuellement perçu, et que toutes les dépenses résultant du transport des correspondances administratives et des imprimés à un prix réduit se trouvant couvertes, la taxe des lettres pourrait être encore réduite de cinquante pour cent, sans que l'exploitation devînt onéreuse à l'État (p. 29, 36).

13° La première réduction de taxe à opérer est la suppression du décime appliqué sur les lettres distribuées dans les campagnes; cette taxe est injuste, et relativement improductive (p. 37).

14° Une réduction de cinquante pour cent sur le tarif général des postes n'amènerait probablement pas de diminution de recettes, même dans la première année. Mais cette diminution générale de cinquante pour cent, applicable également à toutes les espèces de taxes de poids et de distance en France, ne serait pas rationnelle, et ne produirait pas les heureux effets que l'on peut attendre d'un autre mode de réduction du tarif (p. 44).

15° De l'examen du tarif actuellement en usage, il résulte:

Que les degrés de pesanteur de la lettre et de la distance qu'elle doit parcourir, et sur lesquels est réglée la taxe, sont tellement nombreux et serrés, que la taxation des lettres en devient une opération longue, obscure et difficile; que les échelons de taxe étant plus rapprochés dans les premiers degrés que dans les derniers, ce sont les lettres les moins pesantes et parcourant de moindres distances, c'est-à-dire les plus nombreuses, qui se trouvent dans les conditions les plus défavorables, et que ce sont celles qui cependant peuvent échapper le plus facilement au service par la fraude; que l'extension du premier degré de distance, et en même temps le poids de la lettre simple fixé à 15 gr. au lieu de 7 gr. 1/2, seraient des dispositions utiles aux particuliers et profitables au trésor public;

Que le tarif actuel pourrait être utilement remplacé par un nouveau tarif, basé, comme l'ancien, sur le poids des lettres et sur la distance parcourue, mais composé seulement de six degrés pour le poids et de six degrés pour la distance (p. 48.);

Que de l'adoption de ce nouveau tarif il résulterait que la taxation des lettres serait plus simple et plus facile, les distances mieux partagées et plus facilement appréciées par les particuliers, enfin que la lettre simple pourrait être considérée comme telle, bien qu'elle contînt quelques papiers inclus, si le poids n'en dépassait 15 gr. (p. 48-61);

Qu'enfin le poids plus considérable auquel on permettrait aux lettres simples d'arriver, ne serait pas une occasion de fraude (p. 62).

16° Mais un tarif réglé sur le poids et sur la distance ne compensera jamais, dans les postes, les avantages qu'on pourrait tirer d'une taxe fixe (p. 67).

La taxe fixe est d'ailleurs la seule taxe réellement juste, parce qu'elle représente tous les frais de parcours et d'administration sur tous les lieux et dans toutes les distances, divisés par le nombre des lettres en circulation. Les frais résultant du transport des dépêches ne sont nulle part en rapport exact et proportionnel avec le prix de la taxe des lettres; les taxes progressives actuelles ne peuvent donc pas être considérées comme représentant exactement le prix de service rendu (p. 67-73).

Le port fixe rend beaucoup plus facile l'opération de la taxation des lettres, et nous avons vu combien cette opération de la taxation prêtait à l'erreur, nécessitait l'emploi d'un temps très-long, et enfin entraînait des pertes pour les recettes (p. 78).

Elle faciliterait la vérification des produits à chaque point d'arrivée des dépêches, et accélérerait considérablement la distribution des lettres (p. 78-83).

Enfin elle permettrait de dresser un compte exact et numérique des lettres circulant dans le service, tant à Paris que dans les départements, compte qui deviendrait la meilleure garantie possible entre les soustractions et les pertes de lettres (p. 80).

17° La taxe fixe s'appliquerait avec beaucoup d'avantage aux lettres de la ville pour la ville, et aux lettres destinées aux soldats.

Les lettres de la ville pour la ville, en effet, sont presque toujours simples dans le sens que nous attachons à ce mot, c'est-à-dire envoyées par une seule personne à une autre personne seule; pour faciliter ces correspondances qui échappent très-aisément au service des postes, il faut tolérer une extension de la pesanteur de la lettre jusqu'au point où le service en serait embarrassé (p. 85). Deux taxes fixes suffiraient à tout dans cette circonstance, 1 décime pour les lettres du poids de moins de 50 gr., et 2 décimes pour toute lettre de 50 à 100 gr.

Il y aurait justice et humanité, en même temps qu'avantage financier, à réduire à 1 décime le port des lettres adressées aux soldats et sous-officiers aujourd'hui taxées à 25 c.

18° Un système de taxation modérée en France, n'entraînerait pas de perte sur le prix de transport des lettres de et pour les pays étrangers, parce que les traités d'échange sont faits de manière à ce que les prix fixés, eu égard à la distance parcourue et à la pesanteur des lettres, soient réglés toujours sur le pied de la plus entière réciprocité (p. 87).

19° Maintenant, passant à la fixation projetée d'une taxe applicable à toutes les lettres du même poids circulant en France, nous remarquons que si le nombre des lettres venait à augmenter considérablement par suite de l'abaissement du tarif, les dépenses d'exploitation n'augmenteraient pas en proportion (p. 88). Qu'une malle de Paris à Marseille, par exemple, qui coûte 760 fr. par voyage, pourrait transporter : ou quatre-vingt mille imprimés, dont le prix actuel de transport serait 3,200 fr.; ou cent vingt mille lettres du poids de 5 gr., dont le montant de la taxe au taux actuel serait 120,000 fr.; ou enfin moitié lettres et moitié journaux; et opérer encore une recette de 61,600 fr. c'est-à-dire quatre-vingt-cinq fois plus élevée que la dépense. Que dans des circonstances urgentes, on pourrait donner aux correspondances administratives dans les malles-postes, la place qu'occupent les trois voyageurs et leurs bagages, et qu'on ne renoncerait ainsi qu'à un produit variable de 4 fr. 50 c. par poste. Qu'enfin il reste démontré qu'il y aura toujours spéculation avantageuse pour l'administration à transporter des lettres en malle-poste, même avec un prix de port infiniment réduit, puisque si l'on voulait proportionner exactement la taxe à apposer sur les lettres de Paris à Marseille aux frais de leur transport réel, en admettant que le magasin de la malle en fût rempli, cette taxe moyenne serait 6 c. 1/2 (1) (p. 88-91).

20° Les frais de régie et de personnel de l'administration des postes n'augmenteraient pas, si, le nombre des lettres devenant plus considérable, il n'y avait qu'une taxe fixe et uniforme (p. 91).

21° Le port fixe doit être réglé au taux de la plus basse de toutes les taxes de poste actuellement existantes, parce qu'il n'est pas possible d'en élever aucune. Soit 1 décime pour les lettres circulant dans l'arrondissement d'un même bureau de poste, et 2 décimes pour toutes lettres envoyées de bureau à bureau; et si, avec cette taxe si modérée, on suppose que le nombre des lettres doive s'accroître seulement dans la proportion de cent cinquante pour cent, c'est-à-dire de double plus moitié, la recette actuelle ne baisserait pas, même dès la première année (p. 92 et suivantes).

22° Les avantages d'une taxe fixe dans le service des postes s'accroîtraient encore de la possibilité de l'application de cette taxe au moyen d'un timbre (p. 96 et suiv.).

L'idée de l'emploi d'un timbre comme signe de taxe est fort ancienne, mais elle a été développée récemment avec beaucoup de talent et de clarté par un auteur anglais de qui nous avons emprunté la plus grande partie des considérations qui suivent.

23° L'usage des timbres pourrait être appliqué aux deux tarifs que nous avons successivement proposés; soit à un tarif progressif mais réduit à six taxes de poids et à six taxes de distances, soit à une seule taxe fixe appli-

(1) C'est-à-dire 760 fr., prix de la course divisé par 120,000, qui est le nombre des lettres transportées.

cable à toutes les lettres divisées en deux catégories de poids seulement.

Dans le premier cas, on devrait graver trente-six timbres; mais six ou dix-huit au plus de ces timbres seraient employés ordinairement, les autres seraient exceptionnels (p. 99).

Nous avons abandonné l'adoption de ce premier tarif, afin de ne pas mettre les particuliers dans la nécessité de s'enquérir d'abord du poids de leurs lettres et de la distance qu'elles doivent parcourir.

Dans le second système dont nous proposons l'adoption, c'est-à-dire dans le système d'une taxe fixe, quatre timbres suffiraient, dont les deux premiers seraient presque uniquement en usage; ce seraient ceux de la lettre simple, dont le poids serait étendu à 50 gr., pour lettres de la ville pour la ville, et à 15 gr. pour les lettres allant à de plus longues distances. Les deux autres timbres seraient applicables aux lettres qui dépasseraient ce poids, sans excéder la limite de 100 gr. passé laquelle aucun paquet ne serait admis à circuler comme lettre dans le service des postes (p. 101 à 109).

Les lettres des sous-officiers et soldats n'exigeraient pas l'emploi d'un timbre particulier, et on pourrait les faire rentrer dans la classe des lettres ordinaires affranchies par le timbre à 1 et à 2 décimes. Et les avis de mariage ou décès, s'ils n'étaient pas taxés à l'avenir comme imprimés à 4 c. par feuille, pourraient donner naissance à l'emploi de deux timbres d'une forme particulière, appliqués dans le service après coup avec une couleur délayée à l'huile, et qui ne feraient pas confusion avec les timbres secs ordinaires de la taxe des lettres.

24° Toutes les lettres ainsi timbrées seront considérées dans le service des postes comme lettres affranchies et remises, dans tous les cas, franches de port à leur destination; la punition de la fraude serait la mise de la lettre au rebut (p. 106).

25° L'emploi d'enveloppes timbrées serait préférable, pour le public et pour le service de l'administration, à celui de feuilles de papier timbrées dont la partie sur laquelle le timbre aurait été apposé, deviendrait apparente par la manière dont la lettre serait pliée. Le public pourrait être amené à ne se servir que d'enveloppes par la diminution du poids de l'enveloppe opérée sur le poids total accordé à la lettre dans le service; on pourrait se les procurer en tous lieux, particulièrement chez les papetiers et chez les directeurs des bureaux de poste, et l'administration des postes ou du timbre appliquerait l'empreinte, suivant la fantaisie des débitants ou des consommateurs, sur des papiers de toute couleur, de toute forme et de toute dimension.

26° L'application de la taxe au moyen d'un timbre, présenterait des avantages de diverses espèces : 1° elle serait une source d'accélération dans la manipulation des lettres et dans leur distribution, en même temps que d'économie dans les frais de régie et d'exploitation (p. 109); 2° les lettres réexpédiées par suite du changement de domicile du destinataire, ne supporteraient pas de taxe supplémentaire pour plus grande distance parcourue; 3° le nombre des lettres en rebut diminuerait tellement, que ces lettres disparaîtraient presque entièrement du service; en effet, une lettre franche se place toujours, et le public ne la refuse presque jamais; or, il y a eu en 1836 un million cinq cent quatre-vingt mille lettres en rebut; et la suppression de ces lettres aura plusieurs avantages moraux et financiers (p. 110); 4° il se présentera moins d'occasions de démoralisation pour un grand nombre de commissionnaires ou de jeunes commis de maison de banque, chargés d'aller aux bureaux de poste affranchir les lettres, et plus de sûreté et de commodité pour les négociants, qui affranchiront leurs lettres de leur bureau même au moyen du timbre (p. 112); 5° enfin, il y aura simplification et économie extrême dans le mode de perception des recettes (p. 113).

27° Passant ensuite en revue les diverses objections qu'on pourrait faire au système, nous nous sommes d'abord attachés à la plus importante de toutes, qui prenait sa source dans la nécessité de l'affranchissement préalable pour toute espèce de lettres circulant dans le service. Mais si on partage le nombre de lettres en diverses catégories répondant aux divers besoins du commerce et des particuliers, on voit bientôt qu'un infiniment petit nombre de personnes seraient contrariées par la nécessité d'un affranchissement préalable, d'ailleurs si facile et si expéditif (p. 114).

28° Il n'y aura pas de fraude possible par le double emploi des enveloppes; cette industrie serait très-peu productive, et la fabrication du timbre et du papier peuvent très-aisément la rendre impossible (p. 118).

29° Il n'y aurait pas lieu de craindre que les lettres

ne fussent pas fidèlement remises aux destinataires, parce que le port en aurait été ainsi payé partout à l'avance par l'achat du timbre. Il existe, en effet, plusieurs moyens autres que la nécessité de la perception de la taxe, pour assurer l'exactitude et la fidélité des facteurs. Et une manière de rassurer le public à ce sujet, serait de permettre une certaine extension du service actuel des lettres recommandées (p. 121).

30° Enfin le temps employé pour le timbrage des enveloppes, non plus que la dépense qui résulterait de cette opération, ne peuvent pas être présentés comme des objections sérieuses.

31° Afin cependant de ménager tous les intérêts et de respecter les habitudes prises, il serait nécessaire de faire marcher concurremment d'abord, les deux systèmes de taxation; c'est-à-dire, la taxe fixe appliquée au moyen du timbre, et l'ancienne taxe progressive écrite à la plume; et il y a tout lieu de croire que bientôt les avantages de toute espèce que présente le système proposé, seraient assez généralement appréciés, pour que l'ancien mode de taxation fût abandonné, et que les particuliers cessassent d'eux-mêmes d'y avoir recours.

Ici, ma tâche est terminée. J'ai cherché à rendre sensibles les avantages que présenterait la taxation des lettres par le moyen d'un timbre, combinée avec un abaissement du tarif. J'ai l'honneur de soumettre ce projet de réforme à la sagesse et à l'expérience de Monsieur le Ministre des finances, persuadé que je suis, qu'en partant de ces données, sans doute très-imparfaites, on pourrait arriver à deux résultats très-désirables, à savoir : 1° une immense extension des correspondances en France, 2° une extrême simplification du service des postes.

FIN.

PIÈCES A L'APPUI.

NOTE N° 1.

INTRODUCTION ET PAGE 97.

J'ai trouvé ce document très-curieux dans un recueil de lettres de Mlle de Scudéry, copiées par Conrart et annotées par Pélisson, secrétaire-rédacteur des soirées qui se tenaient le samedi chez Mlle de Scudéry.

Je lis dans ce manuscrit, dont je dois la communication aux bontés de M. Feuillet, chef du protocole au ministère des affaires étrangères, une note ainsi conçue, écrite de la main même de Pélisson :

« Argument de ce qui suit :

« En mesme temps que M. de Velayer establit les boestes pour « porter des billets d'un quartier à l'autre, il fit aussi imprimer « certains formulaires de billets d'une douzaine de sortes comme « pour demander de l'argent à un débiteur, pour recommander « une affaire à son procureur, un ouvrage à quelque arti- « san, etc., etc., afin que ceux qui auroient des choses sem- « blables à escrire, se peussent servir de ces billets touts faits, « du moins en remplissant quelques lignes de blanc qu'on y « laissoit, comme on fait, par exemple, aux quittances des par- « ties casuelles et en une infinité d'autres affaires. Ces billets se « vendoient au palais avec les autres billets de port payé. Acante (1) « en aiant achetté une douzaine pour cinq sous, s'avisa, pour « employer son argent, d'envoier à Sappho par la voie des « boestes celui qui est icy attaché, rempli comme il est. Sappho « y fit la réponse qui est en suitte :

(1) C'était le nom que s'était donné Pélisson dans cette société de beaux-esprits. Mademoiselle de Scudéry avait reçu le nom de Sapho ; Conrart l'académique celui de Théodamas. Le poète Sarrazin s'appelait Polyandre, etc.

Mademoiselle,

Mandez-moy si vous ne sçavez point quelque *bon remède contre l'amour ou contre l'absence*,
et si vous n'en connoissez point, faites-moy le plaisir de vous en enquérir, et, au cas que vous en trouverez, de l'envoyer à

Votre très-humble et *très-obéissant serviteur*,

PISANDRE.

Outre le billet de port payé que l'on mettra sur cette lettre pour la faire partir, celuy qui escrira aura soing, s'il veut avoir response, d'envoyer un autre billet de port payé enfermé dans sa lettre.

Pour M*ademoiselle*
Sappho,
demeurant en la rue *au pays des nouveaux sansomales*.

A Paris.

Par billet de port payé.

« L'invention de ces billets estant encore toute nouvelle après
« celle des billets de port payé qui estoit déjà establie, j'envoiez
« celuy cy rempli comme il est à mademoiselle de Scudery, sous
« une enveloppe à madame Boquet. Elle fit la réponse qui com-
« mence : « Comme j'ai toujours... (1) »

(*Note de la main de Pélisson.*)

Ailleurs je trouve dans le même recueil, une lettre de Sappho (Mlle de Scudéry) qui finissait ainsi :

« J'en eusse dit bien davantage, mais la boeste des billets
« s'ouvre à huit heures, et c'est par cette voye que je prétends
« vous envoyer celuy-cy. »

Pélisson avait écrit en marge l'annotation suivante :

« Il est vraisemblable que dans quelques années on ne saura
« plus ce que c'estoit que la boeste des billets. M. de Velayer,
« maistre des requestes, avoit imaginé un moïen pour faire porter
« des billets d'un quartier de Paris à l'autre en mettant des
« boestes aux coins des principales rües. Il avoit obtenu un privi-
« lège ou don du roi pour pouvoir seul establir ces boestes, et
« avoit ensuitte establi un bureau au Palais, où on vendoit pour
« un sou pièce, certains billets imprimez et marquez d'une mar-
« que qui lui estoit particulière. Ces billets ne contenoient autre
« chose sinon *port payé le jour de l'an*
« *mil six cent cinquante-trois ou cinquante-quatre*. Pour s'en
« servir il falloit remplir le blanc de la datte du jour et du mois
« auquel vous escriviez, et après cela vous n'aviez qu'à entor-
« tiller ce billet autour de celuy que vous escriviez à votre ami et
« les faire jetter ensemble dans la boeste. Il y avoit des gens qui
« avoient ordre de l'ouvrir trois fois par jour, et de porter les
« billets où ils s'adressoient.

(1) Nous ne donnons pas la réponse de Sapho parce qu'elle est étrangère à notre sujet.

NOTE N° 2.

PAGE 21.

(*Traduction.*)

« Mais le plus ingénieux de ces subterfuges est le système au « moyen duquel M. Brawn, de Londres, peut correspondre avec « M. Smith, d'Édimbourg. L'adresse du journal (lequel est tou- « jours transporté franc) (1), porte ces mots :

> « M. JOHN SMITH,
> « Épicier, marchand de thé.
> « 1, Grande-Rue.
> « Édimbourg.

« Six manières différentes de mettre cette adresse indiquent « d'abord la date des nouvelles qui doivent être transmises :

> « M. SMITH est pour le lundi,
> « M. JOHN SMITH pour le mardi,
> « M. J. SMITH pour le mercredi,
> « J. SMITH esq. pour le jeudi,
> « JOHN SMITH esq. pour le vendredi,
> « SMITH esq. pour le samedi.

« L'avis de l'envoi des marchandises est indiqué, en mettant « l'adresse entière, comme plus haut. Pour les envoyer le mer-

(1) Le transport des journaux est franc dans l'étendue des Trois Royaumes; et le prix du timbre est fixé en conséquence.

« credi, par exemple, le journal est adressé à M. J. Smith,
« épicier.

« L'avis de la réception des marchandises est indiqué par « l'omission de l'état; pour les marchandises reçues le vendredi, « l'adresse est : John Smith esq., Grande-Rue, Édimbourg.

« Les incidents des marchés sont indiqués par les professions du destinataire.

« Marchand de thé, seul. . .	les prix du thé en hausse.
« Épicier.	*Id.* . . . en baisse.
« Épicier et md de thé. . . .	sucres en hausse.
« Épicier md de thé, etc. .	sucres en baisse.
« Épicier, etc.	marché lourd et stationnaire.

« D'autres renseignements sont encore exprimés par les mots : « marchand de thé, etc., marchand de thé et épicier, marchand « de thé, épicier, etc. Supposons, par exemple, que les sucres « aient monté le lundi, l'adresse sera à M. Smith, épicier et « marchand de thé, 1, Grande-Rue, Édimbourg.

« Les incidents dans les affaires d'argent sont indiqués par les « changements dans la manière d'écrire la localité :

« 1, Grande-Rue.	traites bonnes.
« — Grande-Rue.	billets envoyés à recevoir.
« 1, Grande-Rue.	acceptation reçue.
« — Grande-Rue.	billets protestés.

« Ceci est un système qui, quoique facile à découvrir, défie « toutes les punitions légales. »

NOTE N° 3.

PAGE 41.

(*Extrait d'un procès-verbal des délibérations du conseil-général de la Lozère*).

« Avec le nombre trop restreint de bureaux de poste et de dis-
« tribution que possède le département de la Lozère, la plus
« grande partie des communes paie le décime supplémentaire,
« et il en résulte, pour les contribuables, une charge qui n'est pas
« dans l'ordre naturel des choses. Le service des postes n'est
« plus, en effet, un service onéreux pour l'Etat; c'est un véri-
« table impôt qui produit 14 ou 15 millions, et il est de droit que
« les frais de perception de cet impôt soient entièrement pré-
« levés sur le produit. Pourquoi les communes qui ne sont qu'à
« un quart de lieue ou à une demi-lieue d'une autre commune, et
« qui sont à la même distance du point de départ, paieraient-elles
« un décime de plus par lettre que cette dernière, c'est-à-dire
« souvent un tiers ou un quart en sus de la taxe? Dans le principe,
« pour prévenir les réclamations du trésor, et pour faire adopter
« la mesure, on a cru devoir assujettir à cette surtaxe les com-
« munes rurales; mais les correspondances sont devenues plus
« actives; les postes rendent beaucoup plus qu'elles ne rendaient
« à cette époque; le trésor a gagné sous les deux rapports; et il
« est temps de faire cesser cette inégalité qui pèse sur les com-
« munes les moins riches de la France, et de les faire rentrer
« dans le droit commun. »

Le conseil émet, en conséquence, un vœu formel pour la suppression du décime supplémentaire dans le service rural.

NOTE N° 4.

PAGE 44.

L'écrivain anglais donne les exemples suivants pris dans les recettes en Angleterre, comme preuve qu'une réduction dans la valeur des objets, ou un abaissement de la taxe, produisent ordinairement un accroissement dans la consommation.

« Le prix du savon a récemment baissé d'à peu près un « huitième, et en même temps la consommation a augmenté « d'un tiers.

« La consommation des soieries, lesquelles depuis l'année 1823 « avaient baissé de prix d'un cinquième, a plus que doublé.

« La consommation des cotons, dont les prix ont baissé de « presque moitié durant les vingt dernières années, a en même « temps quadruplé.

« Le commerce du café offre une autre preuve frappante des « effets avantageux d'un abaissement sur les droits.

« En 1783 le droit sur le café était de 1 sh. 6 d. par livre, et « les revenus furent seulement de 2,869 l. 10 sh. 10 1/2 d. ; « en 1784 le droit fut réduit à six pence par livre et rapporta im- « médiatement 7,200 l. 15 sh. 9 d.

« Le tableau suivant montre plus clairement encore les effets « de l'élévation ou de l'abaissement des droits sur cette sorte de « produits. »

ANNÉES.	DROITS.	CONSOMMATION.	REVENU. l.	sh.	d.
	Par livre :				
1807.	1 sh. 8 D.	1,170,164 livres pesant en 1809.	161,245	11	4
	Réduits				
1808.	à 7 D.	9,251,847 livres pesant.	245,856	8	4
	Élevés dans l'intervalle				
1824.	à 1 sh.	7,993,041 —	407,544	4	3
	Réduits de nouveau en 1824 à 6 D.				
1831.	à 6 D.	22,740,627 —	583,751	0	0

NOTE N° 4 *bis*.

PAGE 44.

(*Extrait de la brochure de M. Hill.*)

« Le tarif de la taxe des lettres en Angleterre, établi en 1710, a « été réduit en 1764, ainsi qu'il suit :

Tarif des distances	1710	1764.
« de 15 milles.	3 d.	1 d.
« de 15 milles à 20 milles. . . .	3	2
« de 20 milles à 30 milles. . . .	3	2
« de 30 milles à 50 milles. . . .	3	3

Années.	*Revenu brut.*
« 1710.	111,461 l.
« 1764.	432,048

« On voit qu'en 1710, c'est-à-dire un an après que le prix « des taxes eut été fixé à 3 d. sterl. pour les lettres de 15 milles « jusqu'à 50 milles, la recette brute s'éleva à 111,461 l.; tandis « qu'en 1764, époque où le transport des lettres de 15 milles « jusqu'à 80 milles était abaissé par la loi à 1 d. pour les lettres « de 14 milles et à 2 d. pour les lettres de 15 à 50 milles, il y « a eu une augmentation de recette de près du triple ; d'où il « résulterait la preuve que l'élévation de la taxe n'est pas un « moyen d'augmenter le revenu. »

Note N°5.

Spécimen des timbres.

dans l'hypothèse de l'adoption d'un Tarif simplifié e[…] poids des lettres et sur la distance qu'elles doivent parcourir.

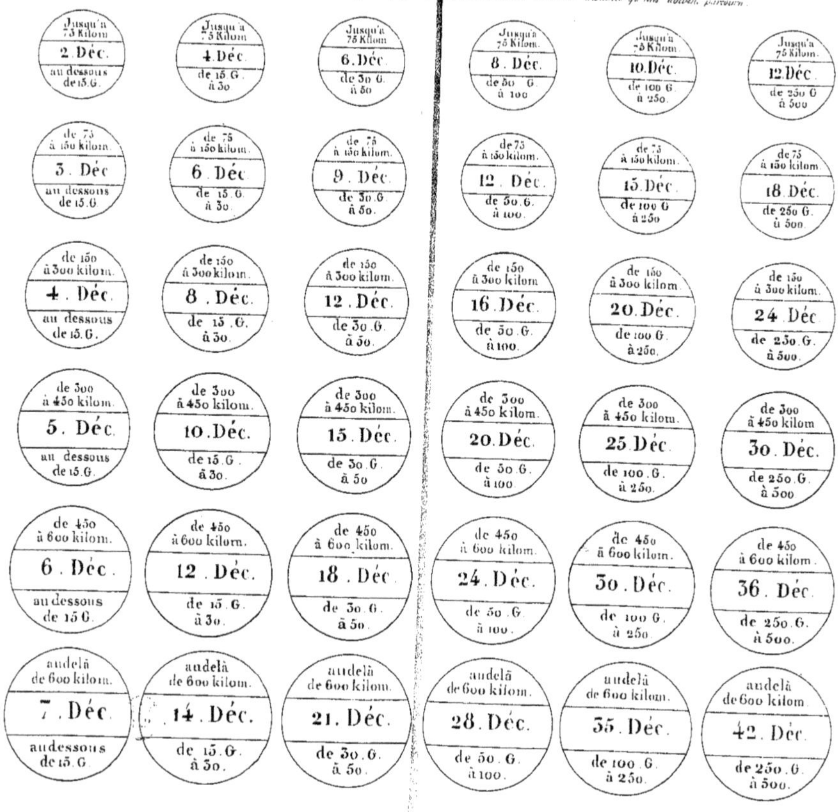

Imp. de Lemercier Benard & Cie

www.ingramcontent.com/pod-product-compliance
Ingram Content Group UK Ltd.
Pitfield, Milton Keynes, MK11 3LW, UK
UKHW031857260826
14628UKWH00002B/831

9 782016 132166